Für Reisende wie Dich und Mich!

D1718119

way2verlag

Impressum:
© 2020 way2 Verlag
Rosenweg 2, 5107 Schinznach
Autorin und Inhaberin aller Rechte:
Stefanie Steuri

ISBN: 978-3-907270-18-9
Auflage: 1. Auflage
Coverdesign: Noëmi Caruso
Lektorat, Korrektorat: way2 Verlag

Alle Fotografien stammen entweder von der
Autorin selbst oder der Bildplattform Pixabay, die
wir gerne mit einer jährlichen Spende unterstützen.

Canada Place

Inhalt

Digital Orca, Waterfront

Vorwort

Vancouver sei die schönste Stadt der Welt, sagt man.
Das kann ich so nur unterschreiben!
Im Jahr 2013 durfte ich vier wundervolle Monate in
Vancouver verbringen. So lernte ich die Stadt lieben
und jeden Winkel kennen. Die kanadische Metropole ist
vielfältig, bietet Stadtfeeling und Natur so nah beieinander.
Zwei Jahre später besuchte ich Kanada zum zweiten
Mal. Ich freute mich, meine Lieblingsstadt meinem
Freund zu zeigen und mit ihm neue Orte zu
entdecken. Leider war die Zeit hier viel zu kurz so
dass, wir definitiv zurück müssen!
Ich liebe an Vancouver, dass es so multikulturell ist –
von China Town über vietnamesische Restaurant und
Sushibars ist alles dabei. Die Kanadier unterhalten
sich gerne mit Fremden und gehen offen auf andere
zu. Das gefällt mir als weltoffene Person natürlich
besonders. Gerne möchte ich nochmals für längere
Zeit in Vancouver weilen und diesen Wunsch werde
ich mir mit Sicherheit erfüllen.
Irgendwann, wenn die Zeit kommt.
Mich macht Vancity einfach unfassbar glücklich! Es ist
wie ein «nach Hause kommen» im Ausland nach einer
langen Reise.
Und so bin ich auf die Idee gekommen, meine besten
Erlebnisse, sei es Sightseeing oder Essen, in einem
Reiseführer festzuhalten und an andere Reisende
weiterzugeben. Damit auch andere die Stadt so
entdecken und lieben wie ich.
Vancity, nur dass das klar ist: Ich liebe dich.
Verdammt fest. Und ich bin dankbar, dich
kennengelernt zu haben.

Vancouver Island

Sonnenuntergang in Vancouver

Kanada –
Fakten und Infos

Die Geschichte Kanadas

Gegründet wurde Vancouver im Jahr 1886. Benannt wurde die Stadt nach dem britischen Kapitän George Vancouver. Dieser erforschte und vermass das heutige Stadtgebiet, auf dem damals nur einige Blockhütten standen. Nachdem die transkontinentale Eisenbahn ein Jahr später eröffnet wurde, entwickelte sich Vancouver vom Sägewerk zu einer Metropole. Früher bestand der Wirtschaftsertrag hauptsächlich aus Bergbau, Fischerei und Forstwirtschaft. Seitdem der Panamakanal offen ist, gewann der Hafen von Vancouver an internationaler Bedeutung. Er exportiert heute die meisten Güter, wie etwa Holz oder Kohle, von allen nordamerikanischen Häfen.

Mit der Zeit wurde Vancouver immer mehr zum Dienstleistungszentrum und beliebten Reiseziel. Heute bietet die kanadische Stadt auf einer Fläche von 114.67 km^2 rund 631.486 Einwohnern ein Zuhause. Sie ist multikulturell, viele Nationen und Religionen treffen hier friedlich aufeinander.

2010 fanden die Olympischen Winterspiele in Vancouver statt.

FUN FACT:

Vancouver ist nach Los Angeles und New York der drittwichtigste Drehort der amerikanischen Filmindustrie und wird gerne auch „Hollywood North" genannt.

Vancouvers Flora & Fauna

Die ursprüngliche Vegetation rund um das heutige Vancouver bestand einst aus Regenwald. Dieser setzte sich aus Ahornbäumen, Erlen und grossen Sümpfen zusammen. Der Hauptteil des Waldes befand sich im heutigen Stadtteil Gastown. In diesem Teil von Nordamerika wächst eine grosse Vielfalt von Pflanzen- und Baumarten. Viele wurden früher von anderen Kontinenten importiert, die meisten haben sich sehr gut dem nordamerikanischen Klima angepasst, wie diverse Palmenarten. Auch exotische Bäume wie Magnolien oder Affenschwanzbäume sind hier anzutreffen. Ausserdem sind viele Strassen in Vancouver von Kirschbäumen umrahmt, welche der Stadt in den 1930 Jahren von Japan gestiftet wurden. Besonders im Frühling, wenn sie blühen, ziehen sie die Leute an.

Kanada heute

Kanada liegt in Nordamerika und bedeckt über 40 Prozent davon. Kanada ist nach Russland der zweitgrösste Staat der Welt.

Die Hauptstadt von Kanada ist Ottawa, welche 1826 gegründet wurde. Zuerst hiess die Stadt Bytown und wurde 1855 in Ottawa unbenannt. In der kanadischen Hauptstadt spricht man grösstenteils Englisch, doch auch die französische Sprache ist vertreten.

In Kanada wird im westlichen Teil des Landes Englisch gesprochen und Französisch wird vor allem an der Ostküste benutzt.

Anreise

Von Zürich geht täglich ein Flug mit der Swiss nach Vancouver. Bei meinem Flug zur kanadischen West-küste musste ich in Montreal umsteigen, denn der direkte Flug mit Edelweiss fliegt nur von Mitte Mai bis Ende Oktober nach Vancouver. Ein Flug nach Van-couver und wieder zurück findet man schon ab 900 Franken. Die Flugzeit beträgt in den meisten Fällen rund 14 Stunden.

Auch andere Fluggesellschaften bringen Reisende nach Kanada:

*   British Airways
*   Swiss / Edelweiss
*   KLM
*   Air Canada
*   Air France

Tipp:

Wer mit seinen Reisedaten flexibel ist, kann beson-ders günstige Angebote finden!

Am YVR Airport angekommen, nimmt man am besten den Skytrain und fährst damit direkt zur Waterfront. Diese bildet das Zentrum, von wo man alles am ein-fachsten erreichen kann.

Man kann aber auch ein Taxi am Flughafen nehmen, welches direkt zur gewünschten Unterkunft fährt.

Einreise und Zoll

Während des Fluges nach Vancouver müssen Pas-sagiere eine kanadische Zollerklärung ausfüllen. Ob Einheimischer oder Besucher spielt dabei keine Rolle, die gewünschten Informationen müssen von jedem Reisenden eingetragen werden.

Nicht eingeführt werden dürfen:
- Drogen
- Feuerwerk
- Kulturelle Objekte
- Produkte aus Elfenbein und Korallen
- Bedrohte Spezies (Tiere und Pflanzen)

Vollautomatische Schusswaffen, Jagdgewehre sind erlaubt

Zu deklarierende Güter mit Freigrenze sind:
- 200 Zigaretten, 50 Zigarren oder 50 Zigarillos
- 1.5 Liter Wein oder 1.14 Liter Alkohol
- Bargeld ab einer Summe von 10'000 CAD

Mehr und aktuelle Informationen zu den Zollbestimmungen sind hier zu finden:
www.cbsa-asfc.gc.ca/publications/forms-formulaires/e311-eng.pdf

www.kanadaspezialist.com/2009/11/05/kanada-zoll-kanadische-zollerklaerung-besucher/973

Visum

Seit dem 16. März 2016 müssen Bürger gewisser Länder zur Einreise eine eTa (electronic travel authorization) bei sich führen. Hier gehört auch die Schweiz dazu. Andere Länder, die ebenfalls ein ETA benötigen, sind beispielsweise:

- Australien
- Dänemark
- Deutschland
- Chile
- Griechenland
- Kroatien

Die Einreisegenehmigung kostet etwa 10 Franken und kann online beantragt werden. Dazu muss ein Reisepass vorgelegt werden. Dieser muss bis sechs Monate nach Rückreisedatum gültig sein-
Auf Wunsch kann die eTa auch in einem Reisebüro beantragt werden.
Gültig ist sie fünf Jahre oder bis Ablauf des eigenen Reisepasses. Bis dahin kann man so viel einreisen, wie man möchte. Ein Aufenthalt bis zu sechs Monaten ist ohne weitere Visa und Formalitäten erlaubt.

Ausgefüllt werden kann der Antrag auf Englisch oder Französisch.
Auch eine gesamte Liste der Länder, ist auf der Seite zu finden.
Wer über Wasser oder Land einreisen möchte, braucht bislang keine Einreisegenehmigung.
www.canada-in.online
www.kanadaspezialist.com/eta-esta-antrag

Unterkünfte

Wir buchen unsere Unterkünfte aktuell fast immer über Airbnb und konnten dabei schon viele tolle Erfahrungen sammeln. Es gibt aber noch andere Möglichkeiten, eine Unterkunft zu finden.

Airbnb

Die Plattform Airbnb bietet für jeden Geschmack sowie für jeden Geldbeutel die perfekte Unterkunft. Auf der Internetseite kann man eingeben, wohin man reisen möchte, wieviele Personen unterwegs sind und ob man ein Privatzimmer oder eine gesamte Unterkunft buchen möchte. Auf einer Übersichtskarte kann man sehen, wo sich die Unterkunft befindet. Für die Suche gibt es auch eine App, die man auf dem Smartphone

herunterladen kann. Diese isteinfach zu bedienen und super für unterwegs.
Bezahlen kann man mit Kreditkarte.
www.airbnb.com

Hotel

Im Hotel hat man seine Ruhe, ein eigenes Bad und kann sich auch das Essen aufs Zimmer bringen lassen. Wer in einem Hotel übernachten möchte, wird im Internet eine riesige Auswahl finden.
Meiner Meinung nach ist ein Hotel die perfekte Abwechslung zu Lodges oder einfacheren Unterkünfte. Und auch hier gibt es günstige Varianten:
Wer weiss, wo er hinmöchte, gibt die gewünschte Destination ein, Datum und die Anzahl der Reisenden. Einen Klick später erscheinen schon alle Details. Jetzt noch buchen und schon kann es losgehen.

Tipp:
Bei einer Hotelbuchung immer auch im Reisebüro nachfragen, meist wird dort die perfekte Unterkunft gefunden.

www.tui.ch
www.trivago.de
www.ebookers.ch
www.booking.com

Hostel

Wer in einem Hostel nächtigen möchte, kann sich zwischen Mehrbettzimmern oder einem etwas teureren Privatzimmer entscheiden. Der Aufenthaltsraum und die Küche wird mit anderen reisebegeisterten Menschen geteilt. Mit diesen kann man Reisetipps und Geschichten austauschen.
Besonders für junge Leute oder Junggebliebene ist

dies eine tolle Erfahrung.
www.hostelworld.com

Couchsurfing

Für alle, die weltoffen, nicht zu naiv und auf der Suche nach einer kostenlosen Unterkunft sind, ist couchsurfen die perfekte Lösung. Man weiss zwar nie, auf wen man trifft, doch meistens kehrt man mit einer schönen Erfahrung zmehr im Gepäck zurück.
www.couchsurfing.com

Strassenverkehr

Das Strassennetz in Kanada weist eine Gesamtlänge von 416'000 Kilometern auf. Hier ist auch die längste Strasse weltweit, die komplett geteert ist, zu finden: der Trans-Canada Highway. Die Strassen hier sind im Vergleich zu andern Ländern der Welt recht wenig befahren und im ganzen Land herrscht Rechtsverkehr. Im Allgemeinen befinden sich die Strassen in einem guten Zustand.

Auf den Strassen Kanadas gilt: Animals first. So wird nicht selten gewartet, bis die Tiere, beispielsweise Hirsche oder Bären, die Strasse wieder freigeben.

Die Kanadier sind sehr höfliche und aufmerksame Autofahrer, Fussgänger werden immer über die Strasse gelassen und Konflikte kommen im Strassenverkehr sehr selten vor.

Die Regeln bezüglich der Geschwindigkeit sind in Kanada absolut streng. Die Fahrgeschwindigkeit beträgt innerorts 50 km/h und ausserorts zwischen 80 und 110 km/h.

Die legale Grenze bei Alkohol am Steuer in British Columbia liegt bei einem Wert von 0.5 Promille. Dies unterscheidet sich aber von Provinz zu Provinz. Deshalb ist es wichtig, dass man sich die Regeln für den

Strassenverkehr vorher genau durchliest. Fahrer unter
21 Jahren müssen zwingend einen Wert von 0,0 Promille einhalten.
Auf Kanadas Strassen wird empfohlen, einen interna-
tionalen Führerschein bei sich zu tragen. Diesen kann
man beim Strassenverkehrsamt des Heimatlandes
beantragen.

Öffentlicher Verkehr

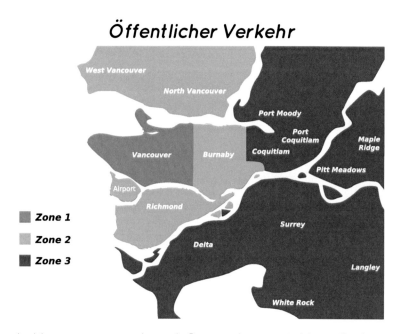

In Vancouver von A nach B zu gelangen ist kein Prob-
lem, denn die Busverbindungen in der Stadt sind sehr
gut. Sie fahren regelmässig, pünktlich und fast überall
hin. Die Fahrkarte kauft man beim Betreten des Bus-
ses, was bedeutet, dass man das exakte Kleingeld in
einen Schlitz wirft und dann die Karte erhält. Ohne
Geld, keine Fahrt. Das Streckennetz ist in drei Zonen
aufgeteilt, die unterschiedlich teuer sind. Die Fahrkarte ist in den meisten Fällen 90 Minuten lang gültig.

Selbiges gilt für die Fähren nach North Vancouver und die Züge.

Wer sich länger als zwei Wochen in Vancouver aufhält, kauft sich am besten ein Monatsabonnement. Diese gibt es am Kiosk zu kaufen, jedoch nur am ersten Tag des Monats und teilweise noch am zweiten Tag. Das Abo für Zone 1 kostet 93 CAD. Für das Monatsabo für die Zone 2 zahlt man 126 CAD und für Zone 3 172 CAD. (Preise unter Vorbehalt, Stand 7/18)
https://www.translink.ca/

Alkohol

Alkohol erhält man in Vancouver erst ab 19 Jahren und nur gegen Vorzeigen eines gültigen Personalausweises. Trinken in der Öffentlichkeit ist streng verboten und die Flaschen müssen deshalb in dunklen Tüten oder Säcken verstaut werden.
In den Supermärkten und Lebensmittelgeschäften sind alkoholische Getränke nicht zu finden. Hierfür gibt es die so genannten "Liquid stores", welche sich nur unweit der anderen Geschäften befinden.
Ist der nächste Alkoholladen aber weiter als zwei Kilometer vom Supermarkt entfernt, dürfen alkoholische Getränke dennoch in diesem verkauft werden.

Stromversorgung

In Kanada finden sich andere Steckdosen als bei uns, die Spannung beträgt hier 110 V / 50 Hz. Den Reiseadapter sollte man also besser nicht vergessen. Dieser muss Steckertyp A oder B sein. Dies ist wichtig, damit die Geräte weiterhin funktionieren und nicht kaputtgehen, wenn die Spannungen zu hoch sind.

Simkarte

Viele Restaurants und Cafes verfügen über kostenloses Wlan. Deshalb ist es in meinen Augen nicht nötig, sich eine kanadische Simkarte zu kaufen, da man in den Rockies dann sowieso keinen Empfang hat. Wer sich dennoch eine zulegen will, lässt sich am besten bei folgenden Anbietern beraten:

* Telus
* Rogers
* Shaw

Geld und Währung

Kanada ist im Vergleich zu anderen Ländern ein eher teureres Reiseland, dementsprechend hoch sind auch die Preise in Vancouver. Bezahlt wird in kanadischen Dollar (CAD). Die Taxen sind im Preis nie inbegriffen, sondern kommen immer erst beim Endpreis dazu. Zum aktuellen Zeitpunkt liegt der Kurs bei 1.00 CHF = 1.34 CAD (Stand 11.2017)
Eine tolle und verlässliche Seite, um den Umrechnungskurs zu berechnen, ist übrigens Oanda.
https://www.oanda.com/lang/de/

Sicherheit

Vancouver und Kanada allgemein sind sehr sicher und auch die politische Lage ist derzeit als stabil zu bezeichnen. Am besten hält man sich an die Anweisungen der lokalen Behörden. Somit ist man immer auf der sicheren Seite. Naturkatastrophen wie starke Regenfälle oder Erdbeben können natürlich immer vorkommen.
Die Hastingsstreet und die Carrallstreet in Vancouver

sollte man lieber meiden, da sich hier die Obdachlosen und die Drogenszene befinden.

Vor der Reise einen Blick auf die Seiten des EDA zu werfen ist die sicherste Lösung, um beruhigt in den Urlaub zu starten.
www.eda.admin.ch/content/eda/de/home/laender-reise-information/kanada/reisehinweise-kanada.html

Medizinische Versorgung

Die medizinische Versorgung in Vancouver und allgemein in Kanada ist sehr gut. Ärzte und Apotheken sind fast überall zu finden. Wir haben seit längerem eine Reisekrankenversicherung abgeschlossen, die Police auf Englisch haben wir ebenfalls, vor allem auf längeren Reisen, dabei. So sollten im Ernstfall keine Missverständnisse auftreten und eine rasche Erstversorgung gewährleistet sein. Es kann vorkommen, dass man die Arztkosten zuerst einmal selbst bezahlen muss. Der Betrag wird aber, sobald man die Rechnungen vorlegt, von der Kasse zurückerstattet. Hierzu muss allerdings eine Reiseversicherung abgeschlossen sein. Wenn bestimmte Medikamente regelmässig eingenommen werden müssen, empfiehlt es sich, davon ein Vorrat in der Reiseapotheke mitzuführen. Ich empfehle auch, sich gegen Tetanus impfen zu lassen, aber am besten sucht man sich vor der Reise nach Kanada einen Arzt auf, um dies abzuklären.
Tipp: Eine Kopie des Impfpasses im Gepäck mitführen.

Meine Reiseapotheke - was soll ich mitnehmen?

Die richtige Zusammensetzung der Reiseapotheke ist ein kniffliger Punkt. Einerseits kann man in den Apotheken Kanadas vieles an Medikamenten kaufen und

andererseits sind die Geschäfter aber nicht immer so weit verbreitet. Deswegen halten wir uns immer an die Devise: Lieber zu viel dabei als zu wenig!
Die wichtigsten Medikamente habe ich hier aufgelistet:
- Kopfschmerztabletten
- Tabletten gegen Halsschmerzen / Erkältung
- Pflaster gegen Blasen nach einer Wanderung
- Verbandmaterial
- Schmerzmittel (Ibuprofen, Paracetamol)
- Desinfektionsmittel (Merfen)

Klima

Das Klima in Vancouver ist ganzjährig relativ mild. Dies kommt von der Luftströmung, die aus Hawaii stammt. Jedoch ist die Stadt dafür bekannt, dass es sehr viel regnet, weshalb sie oft auch Raincity genannt wird. Der Niederschlag ist besonders im Winter sehr stark. Bei meinem viermonatigen Aufenthalt von August bis Ende November hatte ich allerdings nur etwa 7 Tage Regen. Die Durchschnittstemperatur der Stadt liegt bei rund 15 Grad.

Beste Reisezeit

Die beste Reisezeit für Vancouver und die Rocky Mountains ist zwischen Juni und September. Dann ist das Wetter schön warm und es regnet nicht mehr so viel. Auch die Nationalpärke in Kanada sind offen, in den Rocky Mountains liegt kaum mehr Schnee und Eis. In der kanadischen Stadt ist es am Meer teilweise etwas windig, was die Luft sehr angenehm macht. Im August kann es sogar richtig heiss werden – perfekt für ein Eis am Strand.

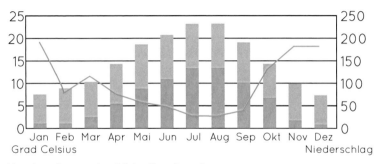

Hochsaison: Juni bis September
Zwischensaison: April bis Mai / September bis Oktober
Nebensaison: November bis März

Jahreszeiten

In Vancouver herrschen vier Jahreszeiten, wie man es auch bei uns in Europa kennt. Doch die Stadt ist immer eine Reise wert, denn sie versprüht zu jeder Jahreszeit ihren einzigartigen Charme.

Frühling:

Der Frühling in Vancouver dauert von Mitte März bis Ende Mai. Die Anzeige des Thermometers befindet sich zwischen 12 und 15 Grad. Man kann in T-Shirts durch die Stadt schlendern und die blühende Blumenpracht im Stanley Park begutachten. Wer Blumen liebt, sollte sich im März unbedingt die Kirschblüte in der Stadt anschauen. Ein tolles Erlebnis.

Sommer:

Sonne, Strand, Meer und Bier! Der Sommer beginnt Anfangs Juni und hält bis Ende August an. Es wird Volleyball am Strand gespielt, in Cafés gesessen oder Eis genossen. Im Sommer kann es in Vancouver bis zu 27 Grad warm werden. Lange, laue Sommernächte stehen auf dem Programm und auch mitten in der Nacht ist in der Stadt immer noch einiges los.

Herbst:

Ab September zieht langsam der Herbst auf und hält sich bis etwa Ende November. In der Stadt zieht öfters Regen auf, im Stadtpark fallen die Blätter von den Bäumen und verfärben sich. Es kühlt ab, die Temperaturen befinden sich zwischen 8 und 14 Grad. Es ist öfters windig und die Wellen im Pazifik schlagen höher.

Winter:

Im Winter schneit es in Vancouver eher selten, da die Temperatur meist zwischen 7 und 10 Grad liegt. Es regnet dafür umso öfter, Gummistiefel und eine warme Jacke sind deshalb auch ein Muss.
Auf dem Grouse Mountain kann man auf 1231 Meter über Meer zu dieser Jahreszeit Ski fahren oder snowboarden. Auch ein Ausflug nach Whistler ist im Winter sehr empfehlenswert.

Wichtige
Adressen, Nummern und Links

Schweizer Botschaft
Consulate General of Switzerland
790-999 Canada Pl Vancouver BC V6C 3E1 Canada Pl,
Vancouver, BC V6C 3E1

Telefon Schweizer Botschaft:
+1 604-684-2231

Polizei
2120 Cambie Street, Vancouver, BV5Z 4N6, Kanada
 +1 604 717 3321

Feuerwehr
1001 Nicola Street, Vancouver, BC V6G 2E1, Kanada
+1 604 665 6006

Krankenhaus
1081 Burrard Street, Vancouver, BC V6Z 1Y6, Kanada
+1 604 682 2344

Die internationale Vorwahl von Kanada lautet: +1

www.tourismvancouver.com
www.vancouver.ca
www.eda.admin.ch/content/eda/de/home/laender-rei-
se-information/kanada/reisehinweise-kanada.html

Lions Gate Bridge

Canadian Slang

Beauty		Eine nette Person
Brutal		Entsetzlich
Canuck		Fan der Canucks
Chesterfield		Sofa
Cowtown		Calgary
Eh?		Wie? Oder?
Ginch		Unterwäsche
Hoser		Widerwärtig
Housecoat		Bademantel
Keener		Nerd
Kerfuffle		Streit
Kitty Corner		Schräg gegenüber
Klick		Kilometer
Lines		Schmale, alte Landstrasse
Loonies & Toonies		1 & 2 Dollar Münzen
Masi		Danke
Mountie		Königliche, berittene Polizei
Newfie		Neufundländer
Owly		Schlecht gelaunt
Pop		Soda
Popsicle		Wassereis

Newfie		Neufundländer
Owly		Schlecht gelaunt
Pop		Soda
Popsicle		Wassereis
Poutine		Kanadisches Gericht
Queue		Line Up
Runners		Sportschuhe
Shit kickers		Cowboystiefel
Skookum		Grossartig
Snowbirds		Kanadier, die im Sommer in den Süden reisen
Stag		Junggeselle
Takitish		Bis Später / Nimm's leicht
Terminal city		Anderer Name für Vancouver
That's jokes		Etwas lustiges
Timmie's		Tim Hortons Cafe
Toque		Wintermütze
Torontian		Fan der "Maple Leafs" von Toronto
Twofer (two four)		Ein 24-er Pack Bier
Whale's tail		Kanadischer Nachtisch
Whitener		Süssstoff

Vancouver von A bis Z

Aktivitäten

Aktivitäten bietet Vancouver unzählige. Von Fahrrad fahren, spazieren, Museen besichtigen bis zu verschiedenen Sportarten ist alles dabei.

Bier

Bekommt man in Vancouver in Alkoholläden und in Bars und Restaurants. Die typischsten Biere Kanadas sind wohl das Molson und das Moosehead.

CAD

Der kanadische Dollar ist die Währung, in der man in Kanada seine Ware bezahlt. Der Kurs zum CHF liegt derweil bei 1: 0.78 (Stand 10.2017)

Downtown

Hier findet das Leben statt! Der Stanley Park, viele Bars, das Stadion und dutzende Einkaufsstrassen befinden sich hier.

English Bay

Dies ist meiner Meinung nach der schönste Strand in Vancouver. Die Sonnenuntergänge sind atemberaubend und der Sand sehr weich.

Fähre

Fähren sind in Vancouver ein beliebtes Fortbewegungsmittel. Ob nach Nordvancouver oder nach Victoria – die Fähre bringt einen hin.

Grouse Mountain

Der Grouse Mountain ist der Hausberg von Vancouver. Er misst 1231 Meter Höhe und wurde 1894 das erste Mal bestiegen.

Harbour Tower

Leckeres Essen und eine grandiose Aussicht. Auf dem Turm kann man auch den Sonnenaufgang oder den Sonnenuntergang beobachten.

Insel

Vancouver Island befindet sich direkt vor Vancouvers Küste. Ein wunderschöner Ort, wo noch pure Natur zu finden ist.

Kanadier

Sie sind die Einwohner Vancouvers. Sie lieben die Natur, Bier und sind extrem hilfsbereit. Das tönt jetzt sehr klischeemässig, doch genau so durfte ich sie erleben.

Lionsgate Bridge

Die Lionsgate Bridge verbindet Nord – und Westvancouver miteinander. Die Hängebrücke misst rund 1600 Meter.

Main Street

Die Hauptstrasse Vancouvers hat viel zu bieten. So findet man hier beispielsweise das Science World oder etliche Bars und Pubs.

North Vancouver
Wer Erholung vom Stadttrubel sucht, ist hier genau richtig. Ein Besuch und Spaziergang im Lynn Canyon Park ist sehr empfehlenswert.

Poutine
Dies ist sowas wie das Nationalgericht Kanadas. Poutine besteht aus Pommes Frites, Käse und Bratensauce.

Queen Elizabeth Park
Der Park wurde 1930 eröffnet. Neben einem Gewächshaus, welches öffentlich ist, findet man hier auch einen Golfplatz.

Richmond
Hier befindet sich der Flughafen. Ab hier startet eine Whalewatchingtour und es gibt einen Nachtmarkt. Dieser ist Freitag, Samstag und Sonntag abends geöffnet.

Steam Clock
Die Steam Clock ist das Markenzeichen des Stadtquartiers Gastown. Sie ist die erste Uhr weltweit, die mit Dampf funktioniert.

Totempfähle
Die Totempfähle befinden sich im Stanley Park. Sie erinnern die Besucher an die ehemaligen Bewohner des Parks.

Unterkünfte
Ob Hostel, Hotel oder Airbnb – in Vancouver sind sehr viele Unterkünfte zu finden. Von Budget bis Luxus ist alles vorhanden.

Victoria
Die Hauptstadt von Vancouver Island ist Victoria. Die Stadt ist mit der Fähre zu erreichen und bietet rund 81'000 Einwohner eine Heimat.

West Vancouver
Hier befindet sich der Lighthouse Park. Die Natur geizt hier nicht, es wachsen viele Bäume, viel Grün und man sieht das Meer. Ein wunderschöner, ruhiger Ort.

X-Files
Die Serie wurde hauptsächlich in Vancouver gedreht. Die US - amerikanische Fernsehserie wurde erstmals 1993 ausgestralt.

Yaletown
Yaletown ist ein Stadtteil Vancouvers. Hier findet sich eine Brauerei und ein Markt. Yaletown ist relaxt und lädt zum Entspannen entlang des Wassers ein.

Zoo
Der Zoo von Vancouver befindet sich etwas ausserhalb. Er beherbergt viele einheimische Tiere in tollen, grossen Gehegen,

Die Tierwelt in und um Vancouver

Eichhörnchen

Facts: Wer kennt sie nicht, die kleinen putzigen Nager: Eichhörnchen.
der Westküste Nordamerikas gibt es zwei Arten von Eichhörnchen. Die Douglas, die roten Nagetiere sind einheimisch. Die Grauhörnchen wurden in den Stanley Park bereits 1912 eingeführt. Ursprünglich stammt diese Art aus dem östlichen Teil von Nordamerika. Ende der 70er Jahre vermehrten sie sich aber so rasch, dass sie zu einer Plage für die Bewohner wurden. Die kleinen Nager werden in der Regel bis zu 4 Jahre alt.

Vorkommen: In Vancouver sind die Eichhörnchen vor allem im Stanley Park zu finden. Obwohl sich die Hörnchen am liebsten im Wald ein Nest bauen, können sie sich auch sehr gut an die Umgebung anpassen und nisten auch oft in Dachböden und anderen Gebäudeteilen.

Ernährung: In der Winterzeit fressen Eichhörnchen hauptsächlich Pilze oder Baumrinden, in den wärmeren Jahreszeiten Nüsse, Eicheln, Knospen oder aber auch Vogeleier. Die Grauhörnchen fressen immer, denn es ist ihnen nicht möglich, länger ohne Energie auszukommen. Wenn sie dann doch etwas vergraben, dann nur knapp unter der Bodenoberfläche. So können die Hörnchen die Nahrung später durch den Geruch orten.

Waschbären

Facts: Die kleinen maskierten Banditen schleichen sich oft nachts durch die Stadt. Die Rede ist – wer ahnt es nicht – von Waschbären. Die Tiere sind ex-

trem intelligent und flink. Dadurch gelingt es ihnen hervorragend, in städtischen Gegenden zu überleben. Waschbären können in der Wildnis rund 10 Jahre alt werden und weisen eine Körpergrösse von rund 30 cm auf.
Waschbären haben sogar so geschickte Pfoten und sind intelligent genug, um Griffe zu drehen und Türen zu öffnen.

Vorkommen: Die wilden Waschbären sind oft Einzelgänger und führen ein Leben alleine. Immer mehr Tiere bauen ihre Höhlen und hausen in den Dächern oder Kaminen der Wohnhäuser der Stadt. Aktuell werden bis zu 25 Waschbären pro Quadratkilometer gesichtet, was sehr hoch ist.

Ernährung: Wie viele Tiere in Kanada sind auch die Waschbären nachtaktiv. Als Allesfresser nehmen sie alles zu sich, was sie vor die Schnauze bekommen. Das können Pflanzen, Gemüse, Frösche, Eier sein, aber ebenso auch Müll. Er liebt es, sein Futter vorher zu waschen – daher stammt auch sein Name.

Seeotter

Facts: Seeotter verbringen die meiste ihrer Lebenszeit im Meer und unterscheiden sich genau deshalb sehr von den anderen Otterarten. Das Fell der kuschligen Tiere dient dazu, um sie im Wasser warm zu halten. Kommt es mit je mit Öl oder ähnlichen Materialen in Berührung, verliert das Fell seine Fähigkeit, die Meeressäuger isoliert zu halten. Die Haupttätigkeit der Tiere besteht deshalb fast den ganzen Tag darin, sein schönes Fell zu pflegen und sauber zu halten. Seeotter findet man oft in kleinen Gruppen, meistens leben Männchen und Weibchen getrennt. Die Tiere sind tagaktiv und bleiben oft nah an ihren Geburtsorten.

Vorkommen: Die Seeotter leben an den Küsten von Alaska, Kalifornien und Westkanada. Sie halten sich dabei immer in Landnähe, vorzugsweise an felsigen Küstenabschnitten. Ursprünglich war der Lebensraum auch bis Nordjapan verbreitet. Die schwimmenden Seeotter kann man oft in grossen Tangbeständen finden.

Ernährung: Zur Nahrung von Seeotter zählen hauptsächlich Seeigel, Muscheln, Schnecken und auch Seesterne. Meerwasser können die Tiere ohne Probleme trinken, da sie über spezielle und relativ grosse Niere verfügen. Diese scheidet das überschüssige Salz wieder aus.

Seehunde

Facts: Sie sind sehr gute Schwimmer und können bis zu 30 Minuten lang unter Wasser bleiben. Genau, bei diesen Tieren handelt es sich um Seehunde. Es sind keine sozialen Tiere und können durchaus aggressiv werden, vor allem ihren Artgenossen gegenüber. Auf den Sandbänken können sich aber durchaus auch kleinere Gruppen bilden, die sich dort gemeinsam aufhalten.
In freier Wildbahn können Seehunde bis zu 35 Jahre alt werden.

Vorkommen: Seehunde leben im atlantischen und im pazifischen Ozean auf der Nordhalbkugel. Sie halten sich entweder an Felsküsten und auf Sandbänken auf. Es gibt unterschiedliche Arten von Seehunden, die auf verschiedenen Kontinenten beheimatet sind.

Ernährung: Die Nahrung der Seehunde besteht aus Fischen, wie etwa Dorsche, Sardinen und Heringe, aber auch aus Krebsen, Makrelen, Muscheln, Tintenfi-

schen und Weichtieren. Sie sind enorm schnelle und geschickte Jäger. Seehunde sind tagaktive Tiere.

Canada Goose

Facts: Die Kanadagans gilt als die am meisten vorkommende Gans auf der ganzen Welt. Das ursprüngliche Verbreitungsgebiet war Nordamerika, sie wurde jedoch in Europa gezielt angesiedelt. Mit ihren rund 1.20 Metern zählt sie zur grössten Gänseart Europas. Die Vögel nutzen Teile der südlicheren Region Amerikas lediglich als Quartier für den Winter, wobei die Flugwanderrouten nicht genetisch vorgegeben ist. Die Jungen Gänse erlernen dies also erst während der ersten Züge der Tiere in den Süden. Kanadagänse werden in freier Wildbahn rund 10 Jahre alt.

Vorkommen: Die Canada Goose kommen in Nordamerika und in Europa vor, wo sie sich am häufigsten im Grasland aufhalten. Ihre Reviere bestehen aber ebenso aus Wasser. Dieses sollte eine Mindesthöhe von einem Meter aufweisen. Wenn dies sich alles auf einem ungestörten Areal befindet, so werden dort gerne die Brutnester der Vögel gebaut.

Ernährung: Die Kanadagänse ernähren sich vor allem von Gräsern und Wasserpflanzen, im Winter können es gerne auch Kräuter und Samen an Land sein. Die Gänse sind nicht wählerisch und wenn nichts anderes vorhanden ist, fressen sie auch Mais oder gar Wurzeln.

Schwarzbär

Facts: Der Schwarzbär misst rund 100 Kilogramm und weist eine Schulterhöhe von durchschnittlich einem Meter auf. Seine Proportionen sind deutlich kleiner als die seines braunen Verwandten.

Die beiden Bärenarten unterschieden sich ebenfalls darin, dass der Schwarzbär eine flachere Stirn, kürzere Hinterbeine und kürzere Krallen verfügt.
Der Schwarzbär, hat bis auf den Menschen lediglich noch den Grizzly als grössten Feind zu fürchten. Er gilt im Vergleich zu den Grizzlys auch weniger gefährlich.

Vorkommen: Der Lebensraum der Bären umfasst einen riesigen Teil Nordamerikas, darunter Kanada, Alaska und sogar Mexiko. Oft bewohnen sie Wälder, aber halten sich vor allem dort auf, wo sich keine Grizzlys befinden.

Ernährung: Schwarzbären sind nicht wählerisch, wenn es um Futter geht und sind so genannte Allesfresser. Sie fressen aber überwiegend Pflanzen, wie etwa Beeren, Wurzeln, Früchte oder Gräser. Ab und an ergänzen dann Aas oder kleinere Säugetiere den Menüplan. Dabei handelt es sich oft um Vögel oder Eichhörnchen. Wenn die Lachssaison beginnt, bedienen sie sich auch gerne dort.
Schwarzbären sind dämmerungsaktiv und begeben sich auch dementsprechend auf Nahrungssuche.

Grizzly

Facts: Der in Nordamerika lebende Grizzly ist eine Unterart der Braunbären. Die Grizzlybären können verschiedene Farben des Fells aufweisen, wie beispielsweise braun, rotblond, gelbbraun, schwarz oder auch grau sein kann, woher der Name Grizzly (englisch «gräulich») auch stammt.
Die Fellfarbe hängt vom Lebensraum, Klima und der Ernährung ab. Das Gewicht der Kolosse nimmt normalerweise von Norden bis Süden ab. So wiegen die Bären nordwärts bis zu 700 Kilogramm, im Süden

können es bis zu 200 Kilogramm weniger sein. Seine Schulterhöhe liegt bei rund 1,5 Metern. Grizzlybären können in der Wildnis bis zu 30 Jahre alt werden.

Vorkommen: Der Grizzlybär ist ursprünglich aus Eurasien über die damals trockene Beringstrasse eingewandert und verbreitete sich in grossen Teilen Nordamerikas. Die Bären leben in Wäldern und der Tundra. Heute findet man die Tiere noch in Alaska, Kanada (nur noch in Britisch – Kolumbien, den Northern Territorys, und Alberta) und in den USA vor allem im Yellowstone Nationalpark, welcher früher als wichtigster Rückzugsort galt. Die Population schätzt man auf ca. 52'000 Bären.

Ernährung: Wie die meisten Bärenarten sind auch die Grizzlybären Allesfresser. Auf dem Speiseplan stehen Nüsse, Gräser, Beeren, Larven, Nagetiere, Vögel und Eier aber auch grössere Tiere wie Bisons, Rentiere oder Elche. Für die Nahrungssuche ist ihr Geruchssinn und das Gehör von enormer Wichtigkeit.
Die Grizzlys an den Pazifikküsten fressen ausserdem gerne Lachs, den sie bei den Laichwanderungen flussaufwärts fangen.

Stinktier

Facts: Skunks, auch Stinktiere genannt, zählen im Tierreich zu den kleinen bis mittelgrossen Raubtieren. Die Tiere erreichen eine durchschnittliche Rumpflänge von rund 45 Zentimetern. Der Schwanz kann bis zu 40 Zentimeter lang werden. Stinktiere weisen ein schwarzes Fell mit weissen Streifen auf. Alle Skunks sind mit diesem kontrastreichen Fell gekennzeichnet und sie verfügen über gebogene und lange Krallen. Besonders charakteristisch für Stinktiere ist, dass sie

Analdrüsen aufweisen. Damit sind die Tiere in der Lage, ihren Angreifer ein übelriechendes Sekret entgegen zu spritzen. Dieses hält lange an und wirkt tränenreizend.

Früher hielt man Stinktiere in Pelztierfarmen, heute wird das Fell der Tiere zum Glück beinahe nicht mehr genutzt.

Vorkommen: Stinktiere leben über den ganzen amerikanischen Kontinenten verteilt. Lediglich Stinkdachse kommen in Asien vor, in Indonesien und den Philippinen. Die Tiere leben selten in dichten Wäldern und Gebieten. Sie ziehen es eher vor, in Halbwüsten und Steppen zu leben.

Ernährung: Wie viele Tiere sind auch Stinktiere Allesfresser. Überwiegend fressen sie aber kleinere Säugetiere wie etwa Hasen, Vögel oder kleine

Nager. Was sich zeigte ist, dass die Stinktiere im Sommer eher auf Insekten oder Früchte, Nüsse und Knollen umschwenken und diese in den warmen Monaten als Hauptnahrungsmittel zu sich nehmen.

Puma

Facts: Der Puma ist unter vielen Namen bekannt, wie etwa Berglöwe oder Cougar. Die Katzen werden bis zu 1,5 Meter lang, die männlichen Tiere sogar bis 2 Meter. Pumas, die rund um den Äquator beheimatet sind, weisen eine kleinere Grösse auf als jene, die sehr südlich oder sehr nördlich leben. Der Schwanz misst rund 1 Meter. Die Pumas haben ein kurzes dichtes Fell. Die Fellfarbe variiert sehr häufig, meistens sind die Tiere jedoch rötlichbraun oder silbergrau. Die Spitze ihres Schwanzes ist dunkel.

Pumas sind Einzelgänger und meiden ihre Artgenossen, ausser zur Paarung, so gut wie möglich. Es sind sehr bewegliche und kräftige Tiere, die jedoch nicht in der Lage sind zu brüllen. Forscher aus Nordamerika beschreiben die Schreie des Pumas eher als menschenähnlich.

Die Raubkatzen können in freier Wildbahn bis zu 13 Jahre alt werden.

Vorkommen: Diese Katzenart kommt hauptsächlich in Nord-, Mittel und Südamerika vor. Der Bestand ist mittlerweile stark ausgedünnt, doch durch etliche Schutzmassnahmen erweiterte sich das Verbreitungsgebiet glücklicherweise wieder. Die Pumas scheinen auch die Nähe zu den Städten nicht mehr so zu scheuen. Ob Hochgebirge, Wüste oder tropische Wälder – die Raubkatze ist beinahe überall zuhause.

Ernährung: Die grossen Katzen ernähren sich von Säugetieren fast aller Grössen. So sind es in Nordamerika beispielsweise Elche, Rentiere, Waschbären oder Schafe. Auch in Südamerika gehören Hirsche (Sumpfhirsche, Gabelhirsche, Weisswedelhirsche) aber auch Guanakos oder Gürteltiere zur Beute der Katzen.

Die Jagdweise des Pumas ist sehr simpel: Als erstes schleicht er sich heran und springt seinem auserwählten Beutetier dann auf den Rücken. Ein kräftiger Biss in den Hals und das Genick ist gebrochen.

Pumas sind keine Aasfresser und verzichten auch gerne auf Reptilien.

Seaplane, Coal Harbour

Totempfahl, Stanley Park

In und um Vancouver

Vancouver bietet jede Menge abwechslungsreiche Sehenswürdigkeiten und Erlebnisse an. Alle aufgeführten Punkte habe ich selbst ausprobiert und kann sie weiterempfehlen. Ob Natur oder Action – in Vancouver findet jeder das, was sein Herz begehrt. Alle Punkte sind schnell und einfach von der Waterfront in Vancouver zu erreichen.

Squirrel

Indian Summer

Stanley Park

Kirschblüten

Olympische Fackel

Seal

Stanley Park

Der Stanley Park gehört zu den drei grössten Stadt-
pärken in ganz Nordamerika und umfasst mit einer
Fläche von 404,9 Hektaren eine ganze Menge grüner
Erholungsort. Im Stanley Park kann man verweilen
oder aber man spaziert einmal rund herum. Dies dau-
ert je nach Laufgeschwindigkeit eine bis zwei Stun-
den. Mein Geheimtipp ist aber: Fahrrad mieten.
Man ist schneller und kann sich die kanadische Luft
um die Ohren wehen lassen. Mieten kann man die
Räder direkt vor dem Park. Nahe beim Eingang des
Parks sollte man sich unbedingt die Totempfähle an-
schauen. In der Mitte befindet sich dann die Lionsgate
Bridge. Vom Prospect Point hat man eine fantastische
Sicht darauf.

Öffnungszeiten: Der Park ist von 09:00 bis 17:00 hr
geöffnet.

Eintrittspreise: Den Stanley Park kann man selbstver-
ständlich ohne Eintritt zu zahlen besuchen.

Adresse: Vancouver, Britisch-Kolumbien V6G 1Z4,
**http://vancouver.ca/parks-recreation-culture/stan-
ley-park.aspx**

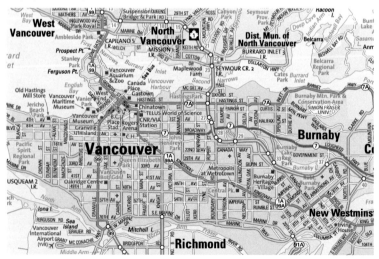

Vancouver Aquarium

Das Aquarium liegt fast im Herzen des Stanley Parks und ist sowohl spannend als auch schön anzusehen. Neben vielen Fischen und Quallen finden sich hier auch Seehunde, Delfine und Belugawale.

Das Museum hat einige Programme und Projekte, für die man spenden und die Meerestiere unterstützen kann.

Öffnungszeiten: Das Aquarium öffnet täglich von 9.30 bis 18.00 Uhr.

Eintrittspreise: Der Eintrittspreis beträgt 36 CA für einen Erwachsenen, für Kinder (4-12) 21 CA.

Adresse: 845 Avison Way, Vancouver, BC V6G 3E2

www.vanaqua.org

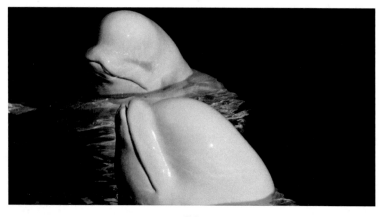

Gastown

Durch Gastown zu schlendern hat etwas sehr Ent-
spannendes.

Ich liebe diesen historischen Stadtteil, der sich in der
Nähe der Waterfront befindet. Gastown ist das älteste
Quartier von Vancouver und ist um eine einzelne Ta-
verne herum gewachsen. Diese wurde 1867 von John
Deighton gegründet. Gastown besticht durch die vik-
torianische Architektur, die hier das Stadtbild prägt-
Hier gibt es Bars und Souvenirshops. Ob Kristalle,

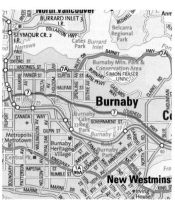 

Totempfäle, Sushi oder Sandwiches – hier findet jeder
etwas. Ausserdem ist hier die Steamclock zu sehen,
die einzige Uhr der Welt, die mit Dampf angetrieben
wird.

Gastown eignet sich perfekt, um es zu Fuss zu erkunden.

English Bay

In Vancouver findet man viele Strände mit klangvollen
Namen wie Second Beach, Kitsilano Beach und English Bay. Am Schönsten finde ich persönlich letzteren.
Erreichen kann man ihn auf zwei Arten: Entweder man
biegt bei der Umrundung des Stanley Parks beim
Wegweiser „English Bay" ab oder man nimmt den Bus
und fährt bis Denman Street. Von dort ist es nur ein

kurzer Weg über die Strasse. Übrigens: Die Sonnenuntergänge sind hier besonders schön!

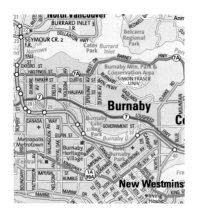 

Harbour Tower

Der Harbour Tower, das Wahrzeichen der Skyline von
Vancouver, ist 28 Stockwerke hoch und bietet einen
fantastischen Blick über die Stadt. Wer „nur" den
Ausblick bewundern will, zahlt dafür 17.50 CAD und
kann die Stadt auf einer Aussichtsplattform von oben
betrachten.
Wer eine tolle Aussicht in seinem Büro haben möchte,
mietet sich hier einen Raum, denn der Harbour Tower
wird auch als Bürogebäude genutzt.
Meine Eltern haben mir als Überraschung ein Nacht-
essen im Restaurant, dem Top of Vancouver Revolving
Restaurant, welches sich ganz oben im Tower befindet, geschenkt. Mein absoluter MUST DO TIPP! Das
Essen ist grandios und die Aussicht noch viel besser.
Von Pasta über Salat bis hin zu Filets und Steak ist
hier alles zu finden.
Am besten geht man um etwa 19.00 Uhr ins Restaurant, wenn die Dämmerung einsetzt und die Stadt zu
leuchten beginnt. Die Restaurantplattform dreht sich
in einer Stunde einmal um die eigene Achse, sodass

man jede Ecke einmal gesehen hat. Das Essen ist zwar nicht ganz günstig aber jeden Cent wert. WOW!!

Öffnungszeiten: Von Mai bis Oktober ist der Turm täglich von 8.30 bis 22.30 Uhr geöffnet. Von Oktober bis Mai ist von jeden Tag von 9.00 bis 21.30 Uhr offen.

Eintrittspreise: Der Eintrittspreis für den Aussichtsturm für Erwachsene beträgt 17.50 CAD, für Kinder im Alter von 6 bis 12 Jahren 9.50 CAD. Jugendliche zwischen 13 und 18 Jahren zahlen 12.50 CAD.

Adresse: 555 West Hastings Street, Vancouver, BC V6B 4N4

www.vancouverlookout.com/buy-tickets
www.topofvancouver.com

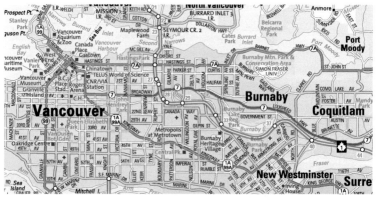

Robsonstreet & Granvillestreet

Diese beiden Strassen sind vor allem als Einkaufsstrassen bekannt. Hier findet man alles, was das Herz
begehrt. Das gilt ebenso für das Kulinarische – von
Crepes über Asiatisch bis hin zum Steakrestaurant ist
hier alles vertreten. Die beiden Strassen sind einfach
zu finden, von der Waterfront immer geradeaus auf-
wärts. Zu Fuss erreicht man sie in rund zehn Minuten.

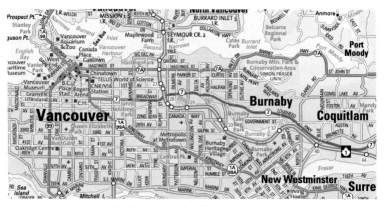

Science World Museum

In diesem Museum werden immer wieder wechselnde
Ausstellungen rund um die Wissenschaft gezeigt, bei
denen vor allem das Lernen durch Experimente im
Vordergrund steht.

Das Museum in Vancouver wurde 1988 als TELUS World
of Science eröffnet, im Jahre 2005 benannte man es
dann in Science World Museum um. Neben dem Science World in Vancouver befinden sich noch Museen und
Erlebniszentren in den Städten Edmonton und Calgary.

Mit dem Skytrain fährt man direkt zur gleichnamigen
Station und kann dort aussteigen.

Öffnungszeiten: Das Museum ist Montag bis Freitag
von 10.00 bis 17.00 Uhr geöffnet, Samstag und Sonntag bis 18.00 Uhr.

Eintrittspreise: Für einen Erwachsenen ab 19 Jahren beträgt der Eintrittspreis 23.25 CAD, für Kinder von 3 bis 12 Jahren 15.25 CAD. Jugendliche von 13-18 Jahren bezahlen 18.50 CAD.

Adresse: 1455 Quebec Street, Vancouver, V6A 3Z7

www.scienceworld.ca/hoursrates

Rogers Arena

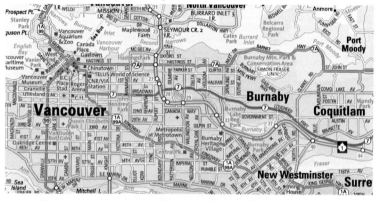

Wenn man Vancouver während der Eishockeysaison erkundet, ist ein Spiel zu besuchen absolute Pflicht. Ob du jetzt Fan bist oder nicht. Das Team der Stadt sind die Vancouver Canucks. In Kanada geht es bei einem Match aber weniger um das „Fanen" sondern mehr um Entertainment.

Das überdachte Stadion Rogers Arena wurde 1995 eröffnet. Über 18'000 Fans finden bei einem Spiel Platz. Bis zur Fertigstellung der Rogers Arena, spielten die Canucks im Pacific Coliseum. Heute ist das Stadion der wichtigste Ort für Veranstaltungen in der kanadischen Stadt, hier finden neben Sport auch beispielsweise Konzertveranstaltungen statt. Die Arena kann man auch ohne Veranstaltungstermin besichtigen, es gibt geführte Touren.

Die Rogers Arena befindet sich bei der Skytrain Station Stadium – Chinatown. Dies ist der einfachste Weg, um das Stadion zu erreichen.

www.rogersarena.com
www.nhl.com/canucks

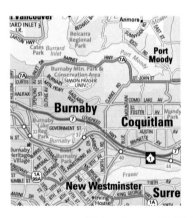

Chinatown & Chinesischer Garten

Es ist laut, farbenfroh und exotisch: Willkommen in China Town. Das bunte Viertel in der Nähe der Keeferstreet ist die drittgrösste China Town von Nordamerika. Hier ist einfach alles chinesisch: essen, Bücher, Apotheken. Ausserdem finden hier Nachtmärkte statt und es befindet sich ein schöner chinesischer Garten im Zentrum des Viertels.

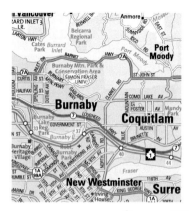

Queen Elizabeth Park

Vom Queen Elizabeth Park aus hat man einen schönen Ausblick auf Vancouver Downtown. Der Park umfasst eine Fläche von rund 52 Hektar. Auf dieser Fläche befinden sich unter anderem ein Gewächshaus mit Voliere (das Bloedel Conservatory), ein Golf- und ein Tennisplatz. Das Bloedel Conservtory ist ein Indoorgewächshaus, in welchem auf die Wichtigkeit der Umwelt hingewiesen wird. Im Gebäude sind drei verschiedene Ökosysteme, die tropische, die subtropische und die Wüste, und zudem über 200 freifliegende Vögel zu entdecken.

Am Anfang des 20. Jahrhunderts befand sich hier ein Steinbruch und es wurde Material für den Strassenbau daraus gewonnen. Im Jahr 1930, wurde der Steinbruch dann in den Park umgebaut.

Öffnungszeiten: Das Bloedel Conservatory hat von Montag bis Freitag von 9.00 bis 19.00 Uhr geöffnet. Am Samstag und Sonntag ist das Gebäude von 8.00 bis 21.00 Uhr offen. Der Park ist rund um die Uhr öffentlich zugänglich.

Eintrittspreise: Der Eintritt für das Gewächshaus, das Bloedel Conservatory, beträgt 6.50 CAD für Erwachsene. Kinder unter 4 Jahren haben freien Eintritt, für 4-

bis 12- Jährige beträgt der Eintritt 3.15 CAD. Jugendliche im Alter von 13 bis 18 bezahlen 4.35 CAD.
Adresse: 4600 Cambie Street, Vancouver, V5Y 2M9
www.vancouver.ca/parks-recreation-culture/queen-elizabeth-park.aspx

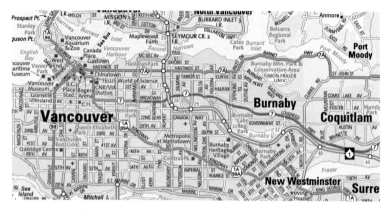

Granville Island

Auf der kleinen Halbinsel Granville Island ist allerlei Abwechslung zu finden. Hier sind ein Flohmarkt, eine Universität, Einkaufsstrassen und ein Theater vertreten. Früher war das Gebiet ein Industrieteil der Stadt Vancouver, welcher ab dem Jahre 1970 aufgegeben und umstrukturiert wurde.

Nach dieser Wandlung liessen sich auch eine Drucke-
rei, ein Geigenbauer und Juweliere nieder.

Die Halbinsel am False Creek hat eigentlich keinen
natürlichen Ursprung, was viele Besucher nicht einmal wissen. Sie entstand dadurch, dass man im Jahre
1915 eine Rille im Ozean, die zwischen zwei Sandbänken entstanden war, mit Sand aufgefüllt hatte. Aus
den beiden Sandbänken und der Aufschüttung entstand somit eine komplett neue Halbinsel, die wenig
später auch genutzt und überbaut wurde. Etwas
später, 1984, wurde hier die Brauerei „Granville Island
Brewing Co" eröffnet. Diese produziert ihr Bier aller-

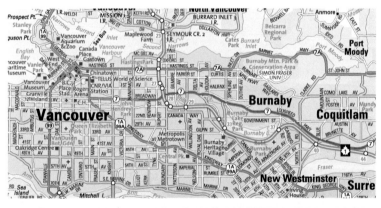

dings heutzutage vor allem in Kelowna.

Öffnungszeiten: Der Public Market in Granville Island ist täglich von 9.00 bis 19.00 Uhr geöffnet.

Eintrittspreise: Den Markt können Besucher kostenlos besuchen.

Adresse: 669 Johnston Street, Vancouver, V6H 3R9
www.granvilleisland.com

North Vancouver – Natur pur!

Grouse Mountain

Der Grouse Mountain ist Kanadas Hausberg. Er weist eine Höhe von 1231 Metern auf, befindet sich in North Vancouver und ist Teil des North Shore Gebirges.

Im Winter kann man hier wunderbar Ski fahren, über 26 Skipisten laden Anfänger bis Profis ein. Es besteht auch die Möglichkeit, in der Nacht Ski zu fahren oder zu Snowboarden, denn 14 Pisten sind 24 Stunden lang beleuchtet. Bei der Bahnstation der Gondel befindet sich ausserdem ein Eisfeld, auf dem man Schlittschuh laufen kann.

Im Sommer kann man den Grouse Grind Pfad hinaufwandern (und klettern). Es ist ein beliebtes Ausflugsziel, sowohl bei Touristen als auch bei den Einheimischen.

Für mich war der Aufstieg extrem anstrengend, es war heiss und steil. Der Pfad ist eigentlich nur knapp 3 Kilometer lang, weist aber eine Höhendifferenz von etwa 900 Metern auf. Die Spitzenzeiten liegen bei unter 30 Minuten. Als ideale Wanderzeit werden aber 90 Minuten empfohlen. Gutes Schuhwerk, sprich Wanderschuhe, sind hier unerlässlich. Viele Wanderer, die in Flipflops den Berg bezwingen möchten, stürzen, verletzen sich oder müssen aufgeben.

Alternativ kann man auch die Gondel nehmen, welche

45 $ für einen Weg kostet. Oben angekommen finden sich hier Flugshows mit Vögeln, Lumberjackshows, bei denen Holzfäller ihre Geschicklichkeit und ihr Können mit Holz und Axt unter Beweis stellen, und nicht zuletzt eine fantastische Aussicht.

Auf dem Gipfel befinden sich auch ein Hotel und Restaurants.

Öffnungszeiten: Den Grouse Mountain kann man 365 Tage im Jahr von 09:00 bis 22:00 Uhr besuchen.

Eintrittspreise: Kinder im Alter von 5 - 16 Jahren bezahlen einen Eintrittspreis von 29$. Für Erwachsene von 17 - 64 Jahren gilt der Preis von 56$ und Senioren ab 65 Jahren dürfen 49$ bezahlen. Wer den Grouse Mountain als Familie besuchen will hat auch die Möglichkeit, ein Familienticket zu kaufen.

Dieses kostet 149 $.

Die Preise gelten für die Tagestickets mit der Gondel.

Adresse: 6400 Nancy Greene Way, North Vancouver, BC V7R 4K9

www.grousemountain.com

www.tourismvancouver.com/activities/attractions/guide-to-grouse-mountain

Capilano Suspension Bridge Park

Der Capilano Suspension Bridge Park ist einer der bekanntesten Attraktionen von Vancouver. 1888 erbaut, führt eine Hängebrücke in 70 Metern Höhe über einen rauschenden Fluss von der einen auf die andere Seite. Sie weist eine Gesamtlänge von 136 Metern auf. Jährlich wird der Park von über 800'000 Menschen aus der ganzen Welt besucht.

Zum Park gehören zudem noch der Cliff Walk und viele kleinere Brücken, die das Treetop Adventure bilden. Den Park erreicht man entweder über die Lionsgate Bridge oder mit der Fähre von der Waterfront nach North Vancouver und von dort mit einem weiteren Bus. Da die Busnummern immer variieren: Einfach vor Ort nachfragen.

Öffnungszeiten: Der Capilano Suspension Bridge Park öffnet seine Tore alle ein bis zwei Monate unterschiedlich. Die Zeiten sind unter anderem saisonabhängig. Am besten schaut man vor seinem Besuch kurz auf der Homepage nach.

Eintrittspreise: Erwachsene ab 17 Jahren bezahlen 42.95 CAD für den Eintritt. Jugendliche, die zwischen 13 und 16 Jahre alt sind, bezahlen 26.95 CAD. Kinder von einem Alter von 6 bis 12 zahlen den Preis von 14.95 CAD und Kinder unter 6 Jahren sind gratis.

Adresse: 3735 Capilano Road, North Vancouver, V7R 4J1

www.capbridge.com/visit/#nogo

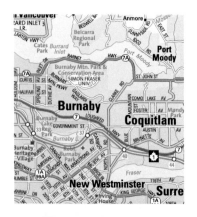

Lynn Canyon

Der Lynn Canyon Park ist so etwas wie der kleine Bruder vom Capilano Bridge Park. Ebenfalls in North Vancouver gelegen, ist dieser Park aber kostenlos. Eine Hängebrücke, türkisgrüne Pools und ganz viel Natur. Dazu Bäume soweit das Auge reicht.

Die Hängebrücke wurde im Jahre 1912 von privater Hand gebaut und befindet sich in einer Höhe von 50 Meter. Sie gehört zu einem regenwaldähnlichen Gebiet, welches eine Fläche von rund 250 Hektaren umfasst. Ganz in der Nähe der Brücke befinden sich der Naturpool 30 Foot Pool und die wunderschönen Twin Falls Wasserfälle.

Der Pool zieht vor allem im Sommer viele Besucher an. Man kann zwar darin baden, das Wasser ist aber eiskalt, weshalb ich im Sommer nur mit den Füssen im Pool war.

Der Lynn Canyon ist ein genialer Ort für jeden, der etwas Abstand von der Stadt sucht.

Für die Anreise gilt hier ebenfalls: Den Park erreicht man entweder über die Lionsgate Bridge oder mit der Fähre, dem Seabus, nach North Vancouver und von dort mit dem Bus. Da die Busummern immer variieren: Einfach vor Ort nachfragen. Danach nur ein Stückchen laufen und schon ist man da.

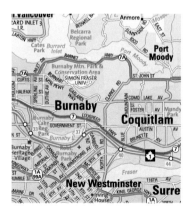

Öffnungszeiten: Der Park ist täglich von 07:00 bis 19:00 Uhr geöffnet.
Eintrittspreise: Den Lynn Canyon kann man kostenlos erkunden.
Adresse: 3690 Park Rd, North Vancouver, BC V7J 3K2
www.lynncanyon.ca

Deep cove

The Cove, wie die Bucht auch gerne genannt wird, ist der perfekte Ort um zu Kajaken! Der kleine Ort liegt am Fusse des Berges Mount Seymour und somit rund 15 Kilometer von Vancouvers Stadtmitte entfernt.

Mit dem Kajak zu fahren ist sehr anstrengend und als Anfänger geht man es am besten langsam an. Doch es macht sehr viel Spass und man wird nie mehr vergessen, wie es ist, still und gemütlich über das Wasser zu gleiten. Ein tolles Erlebnis.

Die Strassen Deep Coves sind von kleinen Geschäften und Cafes gesäumt.

Wer aktiver sein möchte, für den halten sich zwei Wanderwege bereit. Die kürzere der beiden Strecken ist sechs Kilometer lang, die Längere rund 41 Kilometer. Hier kann man sich gehen lassen und einfach entspannen.

www.deepcovebc.com
www.deepcovekayak.com

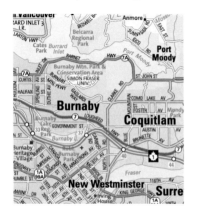

West Vancouver
Lighthouse Park

Der Lighthouse Park liegt in West Vancouver auf einer 75 Hektar grossen Fläche. Den Park erreicht man an einem Waldrand, der zu einem Stück Regenwald gehört. Die Vegetation ist hier teilweise mehrere hundert Jahre alt.

Viele kürzere Wege führen dann schlussendlich an die Felsen, von wo aus man das Meer und den Point Atkinson Leuchtturm sieht. Wunderschön, ruhig und einfach nur friedlich.

Im Mai 1975 wurde der Park von der kanadischen Regierung zur National Historic Site of Canada erklärt. Der Park wurde nach dem Point Atkinson Leuchtturm benannt, der auf den hohen Felsen thront.

Auch hier erreicht man West Vancouver entweder über die Lionsgate Bridge oder wieder mit der Fähre, dem Seabus, und dem Bus bis zur Haltestelle beim Parkeingang.

Achtung: Den Eingang kann man gut verpassen, denn er ist etwas versteckt.

Öffnungszeiten: Den Lighthouse Park kann man täglich von 07.00 bis 22.00 Uhr besuchen.

Eintrittspreise: Der Eintritt zum Park ist kostenlos.

Adresse: 4902 Beacon Lane, West Vancouver, V7W 1K5

www.lighthousepark.ca

Vancouver Zoo – etwas ausserhalb

Der Zoo von Vancouver befindet sich ausserhalb der Stadt im Stadtteil Aldergrove. Der Tiergarten weist eine Fläche von rund 50 Hektaren auf.

Die Mission des Zoos ist, die Umwelt und auch die Tierwelt zu schätzen und zu schützen. Meine persönliche Meinung ist, dass die Tiere sehr artgerecht gehalten werden und viel Platz zum Leben haben. Der

Zoo bietet auch die Adoption eines Tieres oder andere Programme an, die unter anderem die Bekämpfung vom Aussterben einzelner Spezies unterstützen.
Bereits in den späten sechziger Jahren wurde der Zoo gegründet. Der Geschäftsmann und Weltreisende Pat Hine kaufte ein grosses Landstück in British Columbia, um eine Wildtierfarm zu errichten – dort steht heute der Zoo. Nach und nach wurden immer mehr Tiere hergeholt: Grizzlybären, arktische Wölfe oder auch Kamele und Bergschafe.
Bei meinem Besuch konnte ich vielen einheimischen Tiere des nordamerikanischen Kontinents begegnen. Mir hat der Zoo mit seinen über 140 beheimateten Tierarten wirklich gut gefallen und ist definitiv einen Besuch wert.
Und wie kommt man am Besten zum zoologischen Garten? Wichtig ist: Bis heute ist es immer noch so, dass keine öffentlichen Transportmittel bis zum Zoo fahren. Am besten mietet man sich ein Auto für einen Tag, vom Stadtkern Vancouver fährt man dann etwa 45 Minuten bis zu einer Stunde bis zum Vancouver Greater Zoo.
Öffnungszeiten: Von April bis Ende September ist der Zoo von Vancouver von 09.00 bis 19.00 Uhr geöffnet. In der Wintersaison, die von Oktober bis Ende März dauert, öffnet der Tierpark von 09.00 bis 16.00 Uhr seine Tore.
Eintrittspreise: Erwachsene im Alter von 18 bis 64 Jahren bezahlen einen Eintrittspreis von 25.50 CAD, Kinder von 3 bis 17 Jahren 19.50 CAD. Kleinkinder unter 3 Jahren bezahlen keinen Eintritt.
Adresse: 5048 264th Street, Aldergrove, V4W 1N7
www.gvzoo.com

Tagesausflug Whale watching
Wer die Möglichkeit (und das Geld) hat, sollte sich unbedingt eine Whale Watching Tour gönnen. Orcas

in freier Wildbahn zu beobachten ist ein einmaliges Erlebnis. Ich habe zweimal eine solche Tour gemacht und zwar in Steveston / Richmond. Das ist zwar etwas weiter weg vom Vancouver Stadtkern, man wird aber mit einem Shuttlebus hingebracht. Die Dauer der Tour beträgt rund zwei Stunden.

Je nach Jahreszeit fährt man in einem offenen oder geschlossenen Boot auf den Pazifik hinaus. Sobald Tiere gesichtet werden, wird nur noch sehr langsam weitergefahren und die Motoren werden ausgeschaltet. Die Orcas kommen, wenn sie Lust haben, zum Boot oder ziehen einfach vorbei. So oder so ein Top- Erlebnis.

Die Orcas, auch Schwertwale genannt, gehören der Familie der Delfine an. Auch der Name Killerwal wird manchmal genannt, dies aufgrund seiner brutalen Jagdweise. Das markanteste Erkennungszeichen ist die schwarzweisse Färbung der Tiere. Ein ebenso bedeutendes Merkmal ist die dreieckige Finne der männlichen Orcas, die für den Namen «Schwertwal» verantwortlich ist. Die Finne kann bis zu zwei Meter hoch werden. Die Weibchen werden im Durchschnitt sieben Meter lang, Männchen etwas länger.

Die Wale sind in den Gewässern weltweit verbreitet, in den Tropen kommen sie seltener vor. Die höchste Anzahl Tiere befindet sich vor allem in den Polarmeeren, wie auch in der Nordsee vor Dänemark, Norwegen oder Schweden.

Es gibt eine einige verschiedene Orcatypen. Diese unterscheiden sich zwischen Färbung, Verhalten, Lauten und vor allem anhand der Nahrung. Doch alle Schwertwale haben eines gleich: Sie alle agieren meist in Gruppen und kommunizieren mithilfe von Lauten.

Tour: **www.vancouverwhalewatch.com**

Orca in freier Wildbahn

Mehr über die wunderschönen Meeressäuger gibt es in dieser Dokumentation:

Elegante Mörder - Die Orcas der Antarktis - Doku/Dokumentation (Urheber DokusDokus2014)
www.youtube.com/watch?v= b5Kk_qe8f4g

Tagesausflug nach Whistler

Nur 115 Kilometer nordöstlich von Vancouver liegt Whistler, ein bekannter und beliebter Ort für den Schneesport.
Bei meinem Besuch war es September und es fiel bereits der erste Schnee in Whistler. Im Whistler Village war davon allerdings noch nichts zu sehen. Hier finden sich viele Shops für Outdooraktivitäten und kleinere Restaurants. Das Dorf wurde extra für die olympischen Winterspiele im Jahr 2010 gebaut.
Für den Tagesausflug kauft man sich am besten ein Ticket und benutzt die Gondel. Die Aussicht vom Berg aus ist phänomenal. Wer Mountainbike fährt, kann seinem Hobby im Sommer nachgehen. Für Wintersport gibt es ebenfalls mehr als genug Auswahl.
Wer mit dem Camper in Whistler übernachten möchte, dem empfehle ich den RV-Park Whistler. Die Einrichtung ist einfach gehalten aber die Aussicht ist fantastisch. Überall Wald, wohin das Auge reicht. Wer die Natur liebt, ist hier definitiv am richtigen Ort.
www.whistlerrvpark.com

Doch wie kommt man denn eigentlich ohne Mietauto oder Camper nach Whistler? Am besten nimmt man den Bus. Auf den folgenden Seiten findest du mehrere Transportangebote, von ganz einfach bis luxuriös und somit für jedes Budget.

www.busbud.com
www.whistler.com/getting-here/road/shuttle
www.expedia.de/things-to-do/sammeltransfer-stadt-
zentrum-von-vancouver-nach-whistler-mit-einem-ex-
press-bus.a219128.aktivitatsabersicht

Tagesausflug Sunshine Coast

Den Tipp, die Sunshine Coast zu besuchen, hatten
meine Freundin und ich vom Mann ihrer Mama bekommen. Er ist auch schon dort gewesen und ihm
hatte es sehr gut gefallen. Der Tipp war fantastisch,
denn wir erlebten einen wunderschönen, sonnigen
Tag.
Die Sunshine Coast befindet sich ganz in der Nähe
von Vancouver. Hier herrscht eine mittlere Bevölke-
rungsdichte, es gibt nur zwei grössere Orte. Diese
sind Gibsons, mit rund 4500 Einwohner, und Sechelt
mit 8500 Einwohnern.
Die Küste ist wirklich wunderschön. Ein Steg führt
direkt auf den Sakinawsee hinaus. Dort befindet sich
ein kleines Häuschen und wir haben eine kleine Fo-
tosession abgehalten. Wir genossen den Hafen mit
den vielen kleinen Schiffen und haben die Statue von
George W. Gibson und das Restaurant Molly's Ranch
besucht.
Hier kann man noch diverse Strände und Parks besuchen, dafür muss man allerdings mehrere Tage ein-
planen.
Den Tag an der Sunshine Coast fanden wir sehr ge-
lungen und wir können die Küste nur empfehlen. Für
uns war es perfekt und eine ganz besondere Auszeit.
Wie kommt man am besten zur Sunshine Coast? Die
Gegend ist nur mit der Fähre von BC Ferries erreich-
bar. Die Fähre fährt in Vancouver ab dem «Horseshoe
Bay» und kommt am Fährhafen «Langdale» an. Eine

Fahrt dauert etwa 45 Minuten. Horseshoe Bay erreicht man direkt mit dem Bus, dieser fährt in Vancouver an der Dunsmuirstreet. (Unten befindet sich der Link für den Bustransport.)
Die Rückfahrt nach Vancouver mit der Fähre ist gratis. Einen Bus haben wir hier an der Sunshine Coast nirgendwo gesehen und sind deshalb viel gelaufen.

www.transitdb.ca/route/257/W/257_EXPRESS_-_HORSESHOE_BAY/

www.bcferries.com

www.sunshinecoastcanada.com/plan-your-trip

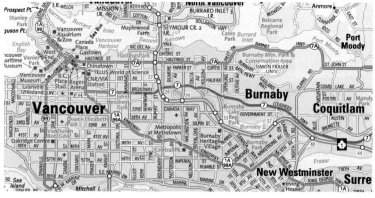

Wochenendausflug Vancouver Island

Vancouver Island ist etwas ganz Besonderes. Die Insel befindet sich an Vancouvers Küste, mit der Fähre erreicht man sie in zwei Stunden. Über 450 Kilometer lang und 100 Kilometer breit ist die Insel. Ihre Gesamtfläche umfasst rund 31.300 Quadratkilometer. Somit ist sie die grösste Insel in ganz British Columbia. Hier herrscht noch pure Natur. Was für ein Paradies!

Die grösste Stadt, und auch die Hauptstadt der Insel, ist Victoria. Diese kann man mit der Fähre oder mit einem Wasserflugzeug von Vancouver aus erreichen. Auf der Insel leben neben den Menschen auch eine Vielfalt an Tieren. Dies sind Pumas, Schwarzbären, Wölfe, Elche, Stinktiere oder das Vancouver Murmeltier. Letzteres ist eine sehr seltene Gattung der Murmeltiere.

Vancouver Island ist bis heute noch sehr unberührt, so wohnen nur rund 800`000 Menschen auf der gesamten Insel. Dies lässt genügend Freiraum für die umliegende Flora und Fauna. Auch Indianerstämme bewohnen die Insel, die in drei Gruppen verteilt leben.

Mit dem Mietauto kann man die Insel wunderbar in einer Woche umrunden.

Die bekanntesten Orte, bei denen sich ein Halt lohnt, sind:

Tofino

Besonders bekannt ist Tofino für Whalewatching-Touren oder die hohen Wellen, welche besonders im Sommer die Surfer anziehen.

Sehr beliebt ist das Whale Festival. Dieses findet jedes Jahr Anfang März statt und bei diesem Festival feiert man die Ankunft der Grauwale. Die Tiere befinden sich dann nämlich auf dem Weg von Mexiko nach Alaska und machen einen kurzen Halt in Tofino. Einige

der Wale bleiben sogar das ganze Jahr hier! Tofino
ist auch eine der besten Orte für Whale Watching,
denn die Saison reischt von Februar bis November!
Der kleine Ort beheimatet nur knapp 2000 Einwohner
und wurde nach dem spanischen Kartographen und
Mathematiker Vicente Tofino de San Miguel benannt.

Victoria
Die Hauptstadt von Vancouver Island heisst Victoria.
Bis heute steht die Stadt, die sich am südlichen Zipfel

der kanadischen Insel befindet, fast nur auf Indianer-
gebiet. Einzige Ausnahme ist das Parlamentsgebäude,
wessen Grundstück man 2006 käuflich erwarb.
In Victoria gibt es viele kleine Restaurants, viel Grün
und Wasser. Am Fishermans Wharf lassen sich gut
Seehunde betrachten, die sich im Wasser tummeln.
Oder aber man unternimmt eine kurze Fahrt mit dem
Wassertaxi.
Die hügelige Landschaft, welche die kanadische Stadt
umgibt, schützt sie vor den vielen Regenfällen, die
hier immer wieder vorkommen. Aber auch die Lage
der Stadt selbst ist so günstig, dass sie nur selten von
Stürmen erreicht wird.
Übrigens: Von Victoria aus kann man super mit dem

Seaplane nach Vancouver zurückfliegen. Ein on-
ce-in-a-lifetime Erlebnis ist somit garantiert!

Pacific Rim Nationalpark
An der Westküste von Vancouver Island befindet sich
der Pacific-Rim-Nationalpark. Der Park besteht aus

drei Teilen, dem Long Beach, Broken Group Islands
und dem West Coast Trail. Getrennt sind die Gebiete
durch grössere Wasserflächen.
Die Sitka-Fichte ist jene Baumart, welche im Pacific-Rim-Nationalpark am häufigsten vertreten ist.
Diese ist fast überall dort zu finden. Von der Küste aus
kann man von März bis Oktober Orcas und Grauwale
beim Vorbeiziehen beobachten.
Der Park weist eine Gesamtfläche von rund 515 km2
auf und zieht Jahr für Jahr etwa eine Million Besucher
an.

Cathedral Grove
Cathedral Grove, oder auch MacMillan Provincial Park
genannt, ist ein 300 Hektar grosser Park auf Vancou-

ver Island. Die Bäume, die hier stehen, sind teilweise mindestens 150 Jahre alt und erreichen eine Höhe von bis zu 30 Metern. Die grössten Bäume weisen einen Umfang von neun Metern auf! Gewaltig, was die Natur hier wieder zu bieten hast.

Cathedral Grove befindet sich in Vancouver Islands Zentrum und wird seit 1947 von Besuchern besucht, welche aber hauptsächlich Tagesbesucher sind. Der Park verfügt ausserdem über mehrere kurze Wanderwege.

Strathcona Provincial Nationalpark

Der grösste aller Natur Parks auf Vancouver Island ist der Strathcona Provincal Park. Er weist eine Gesamt-

fläche von rund 2500 km2 auf und wurde 1911 gegründet. Er ist somit auch der älteste Park der Insel.
Der höchste Punkt Vancouver Islands befindet sich hier in diesem Park: Es ist der Golden Hinde mit 2198 M.ü.M. Der Provincial Park befindet sich im gemässigten Regenwald und beheimatet einige seltene Tiere, wie etwa den Vancouver Island Wolf oder das Vancouver Murmeltier. Auch Ornithologen kommen hier auf ihre Kosten, denn viele Vogelarten, wie Meisenhäher, Kanadakleiber, Zaunkönig oder Goldhähnchen finden hier Unterschlupf.

Horne Lakes-Cave-Park

Der rund 160 Hektar grosse Horne Lake Caves Provincial Park befindet sich rund eine Stunde Fahrt von Nanaimo entfernt auf Vancouver Island. Der früheste

Zeitpunkt der Entdeckung geht zurück ins Jahre 1912. 1957 wurde ein 29 Hektar grosses Schutzgebiet rund um die Höhlen gebaut und 14 Jahre später wurde die Horne Lake Cave zum Provincial Park ernannt.
www.hornelake.com

Elk falls Provincial Park

In der Nähe der Stadt Campbell River befindet sich der Elk Falls Provincial Park. Er weist eine Gesamt-

fläche von rund 1100 Hektaren auf. Als Hauptattraktion des Parks werden oft die Elk Falls genannt. Diese stürzen sich aus einer Höhe von 25 Meter in die Tiefe und sind sehr eindrucksvoll. Neben den Elk Falls zieht auch die Lachswanderung Besucher an. Aber auch für Vogelliebhaber ist der Park ein Erlebnis, denn hier können Kanadareiher, Beringmöwen, Regenpfeifer und etliche andere Arten beobachtet werden. Für Wanderer stehen Wanderwege zur Verfügung. Der Elk Falls Provincial Park zählt zu einem der meistbesuchten Parks auf der kanadischen Insel.

www.env.gov.bc.ca/bcparks/explore/parkpgs/elk_falls

Juan de Fuca Provincial Park

Der Juan de Fuca Provincial Park befindet sich im gemässigten Regenwald auf Vancouver Island. Hier wachsen hauptsächlich Douglasien und Tannen. Moose und Flechten überziehen die Baumstämme. Auch Wildtiere kommen im Juan de Fuca Provincial Park vor, wie beispielsweise Pumas, Wölfe, Hirsche und Schwarzbären. An der Küste kann man Wale beobachten. Vor allem Grauwale und Orcas kommen hier sehr häufig vor. Auch Fischadler und Weisskopfseeadler kreisen über das Meer.

Goldstream Provincial Park

Auch der Goldstream Provincial Park liegt auf Vancouver Island, ganz in der Nähe der Hauptstadt Victoria.

Eingerichtet wurde der Park bereits 1956, genutzt wurde aber schon früher von den First Nations. Einen kurzen Goldrausch löste die Entdeckung von Gold im Park aus. Die Sucher verliessen das Gelände aber bald wieder, um woanders zu suchen.
Wie in den meisten Parks in British Columbia und auf Vancouver Island ist auch im Goldstream Provincial Park die Flora und Fauna sehr artenreich. Zwischen alten Douglasien und Ahornbäumen tummeln sich Biber, Pumas und Bären.
www.goldstreampark.com

Clayoquot Sound

Das wunderschöne Gebiet Clayoquot Sound liegt im Westen der Insel. Die Gesamtfläche von 2700 km2 umfasst Seen, Strände und Regenwald. Hier herrscht ein

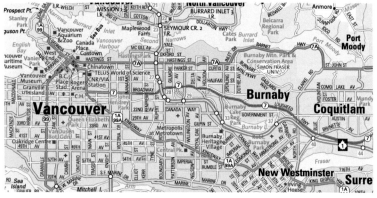

mildes Klima, das Gebiet weist die niedrigste Menge an Frosttagen Kanadas auf. Auch in diesem Gebiet leben viele Säugetiere, doch auch im Meer gibt es einiges zu entdecken. Dort leben Delfine, Robben, Orcas, Grauwale und Schweinswale.

Die erste Berührung der Menschheit lässt sich bereits in der Jungsteinzeit nachweisen. Und auch heute leben immer noch drei Völker im Küstengebiet.

Anfang des 20. Jahrhunderts wurde Clayoquot von der UNESCO zum Biosphärenreservat ernannt.

Übrigens: Der Thriller «Der Schwarm» von Frank Schätzing spielt teilweise in Clayoquot Sound.

Mein persönlicher Tipp:

Die Strathcona Park Lodge, welche sich im gleichnamigen Provincialpark befindet. Wir blieben eine Woche in der Lodge und sind Kanu gefahren, haben auf einer Halbinsel gecampt, sind in einem kleinen Flugzeug über die Insel geflogen, haben eine Wanderung durch den Wald gemacht, sassen mit einem Stock und Marshmallows am Lagerfeuer, schliefen in einer

Holzhütte und genossen die Ruhe. Wer Entspannung sucht ist hier am richtigen Ort. Und auch wer eine Auswahl an Abenteuern bevorzugt, kommt hier auf seine Kosten. Wir hatten einen privaten Guide für die Woche und wurden sehr herzlich in Empfang genommen. Absolut empfehlenswert!
Netzempfang gibt es hier übrigens nur im Haupthaus.

www.bcferries.com
www.harbourair.com
www.strathconaparklodge.com
www.vancouverisland.com
www.hellobc.com/vancouver-island.aspx

Wochenendausflug Rocky Mountains

Wer kennt sie nicht? Die berühmten Rocky Mountains, welche sich in British Columbia und im angrenzenden Bundesstaat Alberta befinden. Die Rockies sind Teil der Gebirgskette, welche sich bis in die USA erstreckt. Wir machten die Erfahrung, dass die schönsten Plätze gefunden werden, wenn man einfach drauflosfährt. Die unendliche Weite und die schneebedeckten Gipfel sind einfach überwältigend.

Der höchste Berg in den kanadischen Rocky Mountains ist der Mount Robson. Dieser ist 3954 Meter hoch. Es befinden sich auch Nationalpärke im Gebirge, vier davon gehören zum Weltkulturerbe der Rockies. Diese sind:

Jasper Nationalpark

Der 1907 gegründete Jasper Nationalpark befindet sich Staat Alberta. Mit seiner Fläche von knapp 11000 km2 ist er der grösste Nationalpark im kanadischen Teil der Rocky Mountains. 1984 wurde er zum UNESCO Weltkulturerbe erkoren. Auch er ist Heimat vieler Tierarten wie etwa dem Dickhornschaf, Grizzlys und Kojoten. Anders als in anderen Parks in Kanada sind die Tiere im Jasper Nationalpark überhaupt nicht scheu und kommen den Touristen eher nah.

www.pc.gc.ca/en/pn-np/ab/jasper

Banff Nationalpark

So wie der Jasper Nationalpark befindet sich auch der Banff Nationalpark in den Rocky Mountains in Alberta. Er wurde 1885 eröffnet und gilt als der drittältteste Park der ganzen Welt. Auch er wurde zum UNESCO Weltkulturerbe erklärt.
Doch wie sind die Rocky Mountains überhaupt entstanden? Vor mehr als 600 Millionen Jahren trafen zwei tektonische Platten aufeinander. Der Boden wurde nach oben gedrückt und formten das Gebirge.
Neben den etlichen Säugetieren, die auch in den anderen kanadischen Nationalparks zu finden sind, leben im Banff Nationalpark mittlerweile auch wieder die Bisons. Die grossen Tiere wurden 2017 wieder ausgewildert, nachdem man 1858 den letzten Bison getötet und die Art im Park somit ausgerottet hat.
www.pc.gc.ca/en/pn-np/ab/banff

Yoho Nationalpark

Mit seinen knapp 1400 km2 ist der Yoho Nationalpark, der ebenfalls zum UNESCO Weltkulturerbe gehört, etwas kleiner als die anderen Parks in den Rocky Mountains. Doch auch er lockt mit grossen Bergwiesen,

Wasserfällen und Getschern.

Die im Park zu findenden Takakkaw Falls stürzen aus 254 Meter in die Tiefe. Sie zählen zu den drei höchsten Wasserfällen in ganz Kanada. Wer Schneeziegen sehen will, ist hier genau richtig. Und auch Bärenfans kommen nicht zu kurz: Besonders am Lake O Hara sind ganz viele Grizzlys zu beobachten. Im Sommer werden die Wanderwege des Öfteren für Besucher geschlossen, da es zu hoher Bärenaktivität kommen und dies für Menschen gefährlich werden kann.

www.pc.gc.ca/en/pn-np/bc/yoho

Kootenay Nationalpark

Der Kootenay-Nationalpark befindet sich südöstlich von British Columbia und gehört ebenfalls zum UNESCO Weltkulturerbe. Der Park umfasst eine Fläche von knappen 1400 km2. Das Klima im Park ist sehr unterschiedlich. So fällt beispielsweise im Norden viel mehr Regen als im Südwesten des Parks. Auch ist es im Norden feuchter und kühler. Grosse Teile des Parks wurden 1926 durch einige Waldbrände zerstört und auch rund 40 Jahre später brannte es wieder. 2003 fand der letzte grosse Waldbrand statt, heute hat sich

das Gebiet wieder erholt. Im Kootenay Nationalpark leben die Tiere hier ganzjährig, da es hier vor allem im südlichen Teil selten schneit. Er ist Heimat für Elche, Dickhornschafe, Bären, Luchse und Vielfrasse.
www.pc.gc.ca/en/pn-np/bc/kootenay

Zu den Highlights des kanadischen Gebirgegebietes gehören sicher die vier Pärke, doch auch andere Orte haben die Herzen der Besucher im Sturm erobert. Hier habe ich die Top four (welche sich aber ebenfalls in den Pärken befinden) aufgelistet:

Maligne Lake

Im Jasper Nationalpark liegt der wunderschöne See Maligne Lake. Die Farbe schimmert grün und eignet sich perfekt für Kanutouren. Baden können hier nur hartgesottene, denn die Wassertemperatur steigt nie über 4°. In der Mitte des Sees liegt die Insel «Spirit Island» - sie ist eines der Wahrzeichen der Rocky Mountains in Kanada.
Im Maligne Lake wimmelt es von Fischschwärmen, doch auch rund um den See tummeln sich Rentiere, Weisskopfseeadlern, Bären und Elche.
www.jasper.travel/maligne-lake

Emerald Lake

Eines der abwechslungsreichen Ziele im Yoho Nationalpark. Entdeckt wurde er durch puren Zufall im Jahr 1882. Tom Wilson, Bergführer, suchte seine ausgerissenen Pferde und fand den See. Er besticht durch seine wunderbare, grüne Farbe.

Der Emerald Lake ist der grösste See im Nationalpark und zieht jedes Jahr sehr viele Touristen an. Die historische Lodge, die Emerald Lake Lodge, liegt gleich am See.

www.banffandbeyond.com/a-visit-to-emerald-lake
www.crmr.com/emerald

Lake Louise

Der Lake Louise befindet sich rund 60 Kilometer
südöstlich vom Ort Banff. Wie in allen Nationalparks
in Westkanada leben auch hier Wölfe, Luchse, Schafe
und Wapitis. Bereits im späten 1800 wurde der Ort
besiedelt. Zu diesem Zeitpunkt wurde eine Station für
den Canadian Pacific Railway gebaut und die Eisen-
bahnlinie führte von da an Lake Louise vorbei. Am
See steht das berühmte Hotel Chateau Lake Louise,
welches 1913 eröffnet wurde. Seitdem strömen noch
mehr Touristen in den Banff Nationalpark.
In Lake Louise finden die FIS Weltcup Skirennen statt.
Im Sommer liegt der Fokus auf der Beobachtung der
Wildtiere. Besonders Touren, bei welchen man Grizzlys beobachten kann, sind sehr beliebt.
www.discoverlakelouise.com
www.fairmont.de/lake-louise

Doch wie kommt man von Vancouver aus in die Rocky
Mountains? Am besten mit einem Mietauto! Der Grey-
houndbus fährt zwar auch dorthin, allerdings ist man
mit einem eigenen Fahrzeug um einiges flexibler. Der
Weg dorthin dauert rund acht bis zehn Stunden.
Wer die Rockies noch mit Schnee bedeckt erleben
und vereiste Seen entdecken möchte, besucht sie am

besten bis Ende Mai. Dann beginnt die Schmelze, alles wird grün und die Seen entpuppen sich als türkisgrüne Naturschönheiten. Allerdings muss man mit einberechnen, dass einige Strassen und Pärke noch gesperrt sein könnten. Wer dennoch zur kalten Jahreszeit dorthin möchte, kann sich in den Hot Springs (heisse Quellen) in Banff wieder aufwärmen.

www.banfflakelouise.com
www.hotsprings.ca
www.jaspernationalpark.com

Seattle

Seattle ist perfekt für einen Tagesausflug von Vancouver aus geeignet, da sich diese amerikanische Metropole nur etwa 160 Kilometer von der kanadischen Grenze befindet. Gegründet wurde die Stadt im Jahre 1869 und beheimatet heute rund 650'000 Einwohner. Das Wahrzeichen von Seattle ist die Space Needle, welche 1962 für die Weltaustelltung gebaut wurde. Die amerikanische Stadt wird von Touristen auch oft die «Smaragdstadt» genannt (the emerald city). Dies kommt daher, dass sich viel Stadtgrün und viele Wälder in der Umgebung befinden.

Wer in Seattle unterwegs ist, dem hat die Stadt viel zu bieten. Von Vancouver aus operieren viele Touranbieter und Busanbieter, die direkt von Stadt zu Stadt fahren. So hat man viel vom Tag und kann einiges entdecken. Seattle ist Drehort einiger bekannten Fernsehserien, wie beispielsweise Grey's Anatomy oder iCarly.

www.visitseattle.org
www.seattle.gov/visiting-seattle

Übrigens: Wer in die USA einreisen möchte, braucht dafür ein ESTA – Visum. Dies kann man schnell online beantragen. Der Preist beträgt 15 USD.

www.esta.cbp.dhs.gov/esta

Space Needle (U.titel)

Die Space Needle in Seattle ist der bekannte Aussichtsturm und das Wahrzeichen der Stadt. Sie weist eine Höhe von 184 Metern auf. Entweder geniesst man die Aussicht über Seattle oder isst etwas im Restaurant Sky Citydes Gebäudes.

Die Space Needle kommt aufgrund ihrer futuristischen Form regelmässig in Serien oder Filmen vor, hauptsächlich im Science-Fiction Genre.

Öffnungszeiten: Das Observationsdeck ist das ganze Jahr von 8.00 Uhr bis 00.00 Uhr für Besucher geöffnet. Das Sky City Restaurant ist für den Brunch Montag bis Sonntag von 10.00 Uhr bis 14.45 Uhr und für das Abendessen von Montag bis Sonntag von 17.00 Uhr bis 21.45 Uhr offen.

Eintrittspreise: Der Eintritt kostet für Jugendliche im Alter von 5 bis 12 Jahren am frühen Morgen und am späten Abend 13 USD, am Mittag 18 USD. Erwachsene ab 13 Jahren bezahlen am Morgen und am Abend 19 USD und am Mittag 29 USD.

Adresse: 400 Broad Street, Seattle, WA 98109

www.spaceneedle.com/home

Starbucks

Die Starbucksfiliale in Seattle ist die Erste der Welt und wurde 1912 eröffnet. Er befindet sich im Hafen, gleich gegenüber des Pike Place Market. Der erste Starbucks war ursprünglich ein Kaffee-, Tee- und Gewürzgeschäft, daher auch der Name «Starbucks Coffee, Tea and Spice».

Eigentlich dachten wir, dass der Starbucks bei unserem Besuch extrem voll sein würde, doch als wir dort eintrafen war er beinahe leer. Wir tranken eine heisse Schokolade und frühstückten.

Die Filiale erkennt man am noch veralteten, ursprünglichen Logo am Eingang.

Ein Muss für jeden, der gerne die Getränke der berühmten Kette in Anspruch nimmt.

Öffnungszeiten: Von Montag bis Freitag ist der Starbucks von 6.00 bis 21.00 Uhr geöffnet. Am Wochenende öffnet er von 6.30 bis 21.00 Uhr seine Türen.

Adresse: 1912 Pike Place, Seattle, WA 98101

www.starbucks.com

Pike Place Market

Der Pike Place Market in Seattle wurde erstmals 1907 eröffnet und ist der älteste öffentliche Markt der USA, der ohne Unterbrechung betrieben wurde. Vor allem ist der Markt als Verkaufsplatz von frisch gefangenem Fisch bekannt. Die Fische werden von Stand zu Stand geworfen und es wird geschrien und gehandelt wird, was das Zeug hält. Ansonsten ist das Angebot der Stände bunt gemischt, an einen werden handgemachte Artikel verkauft, an den anderen Blumen oder Lebensmittel.

Der Pike Place Market befindet sich direkt an der Waterfront von Seattle.

Öffnungszeiten: Seine Tore öffnet der Markt um 9.00 Uhr, die frischen Produkte und Meeresfrüchte sind bereits ab 7.00 Uhr erhältlich. Handwerkliche Ware und Blumen können zwischen 10.00 Uhr und 16.00 Uhr gekauft werden.

Der Pike Place Market ist an 363 Tagen im Jahr geöffnet, einzig an Weihnachten und Thanksgiving ist er geschlossen.

Adresse: 1st Avenue and Pike Street, Seattle, WA 9810

www.pikeplacemarket.org

Hier ist eine Übersichtskarte der Stände auf dem Markt:

www.pikeplacemarket.org/sites/default/files/ppm_visitors_guide.pdf

Food and Drinks

Essen – eins meiner absoluten Lieblingsthemen. Da Vancouver so multikulturell ist, findet man in der Stadt ein wahres Paradies dafür. Es gibt einfach alles: Pancakes, Sushi, Vietnamesisch, Mongolisch, Steaks, Pizza und vieles mehr. Hier habe ich meine liebsten Schlemmerorte und Bars aufgelistet. Natürlich findet man noch viele mehr. Am besten Einheimische nach Insidertipps fragen oder einfach durchprobieren!

Bellagio – perfekt für's Frühstück!
Das italienische Flair ist hier deutlich zu spüren und die Bedienung ist total nett.
Im Bellagio stehen neben dem Morgenessen auch Mittags- und Dinnermenüs auf der Speisekarte. Essen kann man allerlei, von Pasta über Steinofenpizza zum Mittagessen und Spiegelei mit Speck zum Frühstück.
Öffnungszeiten: Das Bellagio Cafe ist täglich von 7.00 bis 22.00 Uhr durchgehend geöffnet.
Adresse: 773 Hornby Street, Vancouver, V6Z 1S4
Telefon: 604 408 1281
www.bellaggiocafe.com

Rogue Wet Bar
Hummer, Pizza, Wein oder Bier? Das alles gibt es hier in der Rogue Wet Bar. Als Vorspeise gibt es leckere Salate und Suppen und als Nachtisch Apfelkuchen oder Cheesecake.
Unser Geheimtipp war jeweils der Frozen Bellini – so gut und echt erfrischend!
Öffnungszeiten: Die Rogue Wet Bar ist von Montag bis Donnerstag von 11.30 bis 00.00 Uhr, Freitag und Samstag von 11.30 bis 01.00 Uhr geöffnet. Sonntags ist die Bar von 11.30 bis 23.00 Uhr offen.

Adresse: 601 W Cordova Street, Vancouver, V6B 1E1
(direkt IN der Waterfront)
Telefon: +1 604 678 8000
www.roguewetbar.com

Robson Mongolian BBQ

Versteckt und unscheinbar, jedoch absolut grossartig.
Viele Abende habe ich hier verbracht und war immer
begeistert. Am besten „All you can eat" bestellen. Man
kann sich hier im Robson Mongolian BBQ seinen Teller
mit Nudeln, Fleisch, Gemüse und Sauce befüllen. Danach wird das Ganze auf einer Platte über dem Feuer
gedünstet und vermischt. Guten Appentit!
Der Preis für ein Menü liegt im Schnitt bei 15 CAD – so
ist für jede Preisklasse etwas dabei.
Öffnungszeiten: Das Robson Mongolian BBQ ist täglich
von 00.00 bis 22.30 Uhr geöffnet.
Adresse: 1234 Robson Street, Vancouver, V6E 1C1
Telefon: +1 604 899 1582

Meat & Bread

Des besten Sandwiches der Stadt sind im Meat&Bread
zu finden. Und dies ist wahrlich nicht übertrieben. Sie
werden frisch zubereitet und bieten eine gute Auswahl. Beispielsweise erhält man hier Sandwiches mit
Pulled Pork, Meatballs oder Grillkäse.
Hier lohnt sich ein Besuch garantiert. Aber Achtung:
Langes Anstehen in der Mittagszeit ist garantiert. Am
besten holt man sich sein Sandwich vorher!
Öffnungszeiten: Das Meat&Bread ist von Montag bis
Mittwoch von 11.00 bis 17.00 Uhr geöffnet. Donnerstag
bis Samstag ist das Restaurant von 11.00 bis 19.00 Uhr
und am Sonntag von 11.00 bis 16.00 Uhr offen.
Adresse: 370 Cambie Street, Vancouver, V6B 1H7
www.meatandbread.ca

The Hastings Warehouse

Günstig und extrem delicious-so würde ich das Essen im Warehouse beschreiben. Es gibt Tacotage, an denen man „all you can eat taco" essen kann.

Auf der Karte stehen aber auch Salate, vegetarische Gerichte oder Mac'n'cheese. Alkoholische sowie nichtalkoholische Getränke, wie etwa den Long Island Ice Tea oder ein Red Bull kann man sich hier zum Essen dazu bestellen. Mein Geheimtipp im Warehouse, wenn man gerne scharf isst: Der Smoky BBQ Burger! Perfekt gebratenes Fleisch, Cheddar, Jalapenos und eine Macho Sauce zeichnen diesen aus.

Öffnungszeiten: Das Hastings Warehouse ist täglich von 11.00 bis 02.00 Uhr geöffnet.

Adresse: 156 W Hastings Street, Vancouver, V6B 1G8

Telefon: +1 604 558 1560

www.warehousegroup.ca

The Black Frog

Kulinarisch findet man in diesem Lokal alles, was das Herz begehrt. Von Hummus mit Gemüse, Onion Rings, Salaten, Burger über Suppen, Sandwichs und Chinken Wings – hier gibt es nichts, was man nicht bestellen könnte. Auch kühle alkoholische Getränke wie Gin, Rum, Wodka und natürlich Bier stehen hier auf der Karte. Die Atmosphäre ist angenehm und nicht zu laut, sodass man sich dennoch gut unterhalten kann. Die Bar The Black Frog befindet sich direkt neben dem Starbucks und der Steamclock im Herzen von Gastown.

Öffnungszeiten: Von Montag bis Donnerstag ist hier von 11.30 bis 01.00 Uhr geöffnet. Am Freitag ist von 11.30 bis 02.00 Uhr offen, am Samstag von 12.00 bis 02.00 Uhr. Am Sonntag sind die Tore des Black Frogs von 12.00 bis 00.00 Uhr geöffnet.

Adresse: 108 Cambie Street, Vancouver, V6B 2M8

Telefon: +1 604 602 0527

www.theblackfrog.ca

The Cambie Gastown

Bier in Massen! The Cambie ist ein kleines und gemüt-
liches Pub. Sie ist Vancouvers älteste Bar. Im Jahre
1986 brannte sie komplett nieder und wurde danach
wiederaufgebaut.

Essen kann man hier sehr gut, neben Nachos, Pommes und Burger ist auch das bekannte Nationalgericht Poutine erhältlich. Auch alkoholische sowie
nichtalkoholische wie Getränke wie Eistee, Wein oder
Cocktails bekommt man hier.

Im Cambie ist immer etwas los und die Atmosphäre
somit auch etwas lauter.

Öffnungszeiten: Das Cambies ist Montag bis Donners-
tag von 07.00 bis 02.00 Uhr geöffnet, am Freitag eine
Stunde länger. Am Samstag ist von 8.00 bis 03.00
Uhr offen und am Sonntag von 08.00 bis 02.00 Uhr.
Adresse: 300 Cambie Street, Vancouver, V6B 2N3
Telefon: +1 604 684 6466
www.cambiepubs.com

The Blarney Stone

Mein persönliches Highlight war die Bar The Blarney
Stone. Etliche Abende habe ich hier verbracht. Ein
irisches Pub, dass am Freitag, Samstag und Sonntag
abends live Rockmusik, Eishockeyspiele auf Leinwand,
gutes Essen und Drinks bietet. Wie in den anderen
Bars in Vancouver ist auch hier die Speisekarte sehr
vielfältig, man kann sogar ein Frühstück zu sich
nehmen. Aber auch Pizza, Nachos und irische Menüs
wie Fish and Chips oder ein Jameson Steak (Steak,
welches eine Jameson Whisky Glasur aufweist). Auch
irischer Whisky gehört zum Angebot des Hauses,
ebenso wie das klassisch irische Guiness.

Durch die Musik kann es sehr laut werden, die Atmosphäre ist trotzdem einfach nur super!

Öffnungszeiten: Blarney Stone ist von Sonntag bis
Donnerstag von 11.00 bis 02.00 Uhr geöffnet. Am Frei-

tag und Samstag verlängert sich die Öffnungszeit um eine Stunde, es wird erst um 03.00 Uhr geschlossen, öffnet aber ebenfalls um 11.00 Uhr.
Adresse: 216 Carall Street, V6B 2J1
Telefon: +1 604 687 4322
www.blarneystone.ca

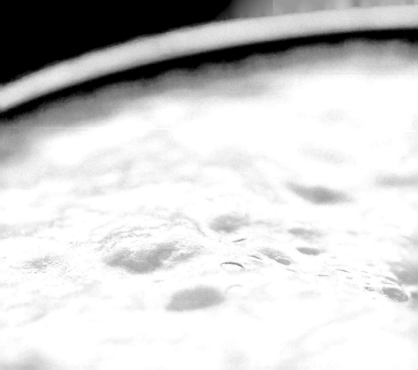

Reiseapps

Ob Flüge buchen, Unterkunft suchen oder Navigation - jeder braucht die kleinen Helferchen. Unsere liebsten Reiseapps, die wir selbst auch auf Reisen benutzen, habe ich hier aufgelistet:

Airbnb

Auf Airbnb findet man Unterkünfte überall und jeder Art. Man wählt entweder aus Privatzimmer, einer ganzen Unterkunft oder einem geteilten Zimmer. Ausserdem kann man filtern, in welcher Preisspanne sich die gesuchte Unterkunft bewegen soll. Auf der Karte wird dann angezeigt, wo die Unterkunft sich befindet. Die ganz zentralen Zimmer oder Appartements sind natürlich immer etwas teurer als jene, die sich etwas ausserhalb des Zentrums oder Touristenhotspots befinden.
Die Bezahlung erfolgt über Kreditkarte.
www.airbnb.ch

Übersetzen

Über diese Unterkunft

- 10 min walking distance : London Eye, Big Ben, Westminster Abbey.

$ 55 Privatzimmer in $ 57 Privatzimm

Tripadvisor

Ort eingeben, Aktivität oder Hotelsuche anklicken und schon werden viele verschiedene Angebote ausgespuckt. Das Gute bei Tripadvisor finden wir, dass hier Bewertungen von anderen Besuchern aufgelistet sind und in unseren Fällen konnten wir diesen fast immer zustimmen. Fotos sind ebenfalls dabei, vom Anbieter selbst und von Besuchern. Ausserdem kann man filtern, welche Kategorie man sich genau anschauen möchte. Kategorien sind beispielsweise Natur, Museum oder Einkaufen. So sieht man nur das, was einen auch wirklich interessiert. Auf Tripadvisor teilen auch viele Reisende ihre eigenen Geheimtipps mit.

Changing of the Guard
◉◉◉◉◎ 1'795 Bewertungen

Informationen zur Sehenswürdigkeit

📍 Buckingham Palace, London SW1A 1AA England

🏙 Stadtviertel: Westminster

🚇 Nächstgelegene Haltestelle: St. James's Park (0.6 km) und 4 weitere Haltestellen

www.tripadvisor.ch

Skyscanner

Dies ist für uns die perfekte Flugsuchmaschine. Man kann filtern, finden und schon geht es los. Wählt man das Datum aus, sieht man, in welcher

Preiskategorie (günstig, mittel, teuer) der Flugpreis sich befindet. So sieht man schnell, ob man vielleicht nicht doch einen Tag später fliegen soll, um Geld zu sparen. Teilweise lohnt sich das sogar sehr. Ausserdem kann man wählen, ob der Preis für eine oder mehrere Personen gelten soll. Hat man einen passenden Fluggefunden, wird man

auf die Seite der Airline oder einen Zwischenanbieter geleitet, wo die Buchung abgeschlossen wird.

Aber Achtung: Bei dem angezeigten Preis auf Skyscanner sind noch nicht alle Steuern und Zusatzkosten inbegriffen. Diese sind aber je nach Airline unterschiedlich.

www.skyscanner.ch

MyWährung

Bei der App MyWährung kann man zwischen mehr als 180 verschiedenen Währungen auswählen beispielsweise Peso, Schekel oder Euro. Man wählt die gewünschte aus und schon findet man den aktuellen Kurs in anderen Währungen unten dran. Die App ist sehr einfach aufgebaut und für uns ist

➕ **Schweizer Franken**

Betrag: 1.00

Argentinischer Peso ARS	17.50
Australischer Dollar AUD	1.31
Bolivischer Boliviano BOB	7.08
Isländische Krone ISK	☐
Isralischer Schekel ILS	☐
Italienische Lira ITL	☐

sie nicht mehr wegzuden-
ken. Gerade in Asien sind
wir manchmal froh, dass
wir nicht alles im Kopf
umrechnen müssen. Die
kostenlose App ist fürs
Iphone im AppStore und
für Androidgeräte im Goo-
gle Playstore erhältlich.

Leo

Für Übersetzungen nut-
zen wir die App Leo. Bei
dieser stehen acht Spra-
chen zur Verfügung, in die
man übersetzen kann. Das
sind zum Beispiel Englisch,
Französisch, Spanisch
oder Russisch. Die App ist
ganz einfach zu bedienen,
man gibt einfach das ge-
suchte Wort ins Suchfeld
ein, wählt die Sprache
und schon erhält man die
Übersetzung. Herunter-
laden kann man sie im
Google Playstore und im
AppStore.

www.leo.org

Deine ultimative Packliste für dein Kanadaabenteuer:

- Mindestens zwei Wochen Zeit

- Diesen Reiseführer

- Eine gute Kamera

- Genügend Speicherkarten

- Fernglas

- Allgemeine Reisedokumente

- Reisepass

- Falls du fährst: Führerschein

- Sonnenbrille und Sonnenhut

- Stromadapter

- Gutes Schuhwerk

- Wandersocken

- Taschenlampe oder Stirnlampe

Stirnband / Mütze wegen dem Wind

Trinkflasche (evtl. sogar mit Filter)

Strassenkarte, falls das Navi aussteigt

Schreibmaterial

Drybag (für die Kanufahrt)

Allgemeine Hygieneartikel

Allgemeine Kleidung

Regen- / Windjacke

Warmer Pullover

Danke an...

Meine grosse Liebe Matthias.
Danke für all die schönen Stunden und Momente auf unseren Reisen. Danke, dass du meine Leidenschaft teilst, mich immer unterstützt und immer hinter mir stehst. Ich bin froh, dass es dich gibt. Ich liebe dich!! <3

Meine Freundin Noëmi, die Korrektur- und Gestaltungsarbeit geleistet hat. Stunde für Stunde. Du bist die Beste, danke <3

ALL WE HAVE IS NOW – WAITING IS NOT AN OPTION!

Und, worauf wartest du noch? Buche deinen Flug, pack deine sieben Sachen und tauche ein in dieses wunderbare Land. Leider war unsere Zeit hier viel zu kurz, wir kommen aber definitiv zurück, um auch den Rest noch zu erkunden.

Vielen lieben Dank, dass du dir diesen Reiseführer gekauft hast. Ich hoffe, er hilft dir mit deiner Planung ein Stück weiter.

DANKE FÜR DEINE UNTERSTÜTZUNG

Für Fragen, Ergänzungen und Anmerkungen, Kritik oder Lob wende dich bitte an diese Mailadresse:
info@ way2-verlag.ch